誰に聞いても謎だった
「英語のなぜ?」がわかる本

伏木賢一[編]

青春出版社

Prologue

「なぜ?」がわかると英語の理解がグンと深まる

 本書の新書版を上梓したのが 2020 年。ご好評をいただき、より手に取りやすい文庫版として新たに刊行いたします。文庫化にあたっては、英語の奥深さをさらにお伝えできるように内容をあらためて精査しています。

 振り返れば、この約5年間で世の中は大きく変わりました。生成AIや自動翻訳の精度が飛躍的に向上し、「もう英語を学ぶ必要なんてない」という声すら聞かれます。

 でも、私はそこに強烈な違和感を覚えます。言葉には歴史があり文化があると思うからです。機械的に単語を置き換えただけでは、決して会話は成立しない。何かが決定的に欠落しているのです。その何かとは……。

 ある著名な歌人が、生成AIの脅威について尋ねられ、「全然ない! 短歌は人の心の動きを詠むモノ。AIに心はないでしょう」と話していました。ピンときました。そうだ、私が「英語を学びたい」「英語で話したい」と思ったのは、「英語で心を伝えたい」からだと。

 そう考えるに至ったのは、英語を学び始めた頃のある出来事がきっかけでした。This is a pen. のペンがリンゴになると an apple となるのに疑問を持ったのです。

「a のままだと、発音しにくい」という説明を聞きましたが、

それなら「ai apple でもいいじゃないか。なぜ an ?」と、疑問は解消されませんでした。やがて、「もともと不定冠詞はすべて an だった」と知りました。a に n がついたのではなく、n が取れてしまったのです。

　それを知ったとき、「言葉に歴史あり」とゾクッとしました。

　今はSNSにフェイクニュースが溢れ、何が本当のことかがわかりにくい時代です。同時に自分の気持ちを（SNSなどで）伝えるのが難しい時代でもあります。ちょっとしたニュアンスの違いが誤解を生み、心のすれ違いに発展してしまうこともあるでしょう。

　英語で世界の情報を正しく知りたい、英語できちんと心を伝えるコミュニケーションをしたい、そう思うのであれば、英語の本質を理解することが必要でしょう。

　英語について感じる「なぜ？」には必ず答えがあり、そうなった意味があり、歴史があり、文化があります。それを深く知れば知るほど、なぜこういう表現をするのか、なぜこうは言わないのかといったことを理解できるようになり、英語の理解がグンと深まっていきます。

　そして、深淵な英語の世界を楽しめるようになり、きっと英語で心を伝えられるようになると信じています。

　文庫版にはそんな想いを込めました。英語の歴史、文化、そして英語の心を、読者の方々にぜひ味わっていただきたい――編者としてあらためてそう願っています。

　　　　　　　　　　　　　　　　　　　伏木　賢一

「英語のなぜ？」がわかる本

Contents

| Prologue | 「なぜ？」がわかると英語の理解がグンと深まる … 3 |

Chapter 1
学校では教えてくれない!?
英語、そもそものなぜ？

Question 1	そもそも、なぜ英語はENGLISHと呼ばれるの？ … 16
Question 2	英語で氏名の表記は、なぜ「名」+「姓」の順番になる？ … 18
Question 3	なぜ天候や時刻の表現では「it」が主語になるのか？ … 20
Question 4	クリスマスを Xmas と書くのはなぜ？ … 22
Question 5	なぜ「三単現」の動詞には「s」がつくの？ … 24
Question 6	単数でも複数でも you は you のまま、のなぜ？ … 26
Question 7	英語には本当に敬語がないの？ … 28
Question 8	人に何かを依頼するとき、Can you ～?を Could you ～?と過去形にすると丁寧な言い方になるのはなぜ？ … 30
Question 9	そもそもなぜアルファベットは 26 文字なのか？ … 32
Question 10	英語には、なぜ大文字と小文字があるのか？ … 34
Question 11	なぜ「I (私)」は、いつでも大文字で書くの？ … 36
Column 1	英語で「丁寧に」言うときのお役立ちフレーズ … 38

Chapter 2

英語の先生も知らない!?

英単語のなぜ？

Question 12 「右」は right、「正しい」も right、なぜ同じ単語なの？ …… 40

Question 13 豚は pig でも豚肉は pork、食肉になると呼び名が変わるのはなぜ？ …… 42

Question 14 mother がママはわかるが、なぜ father がパパになるの？ …… 44

Question 15 ベースボールやバスケットボールは ball がつくのに、なぜテニスは ball がつかない？ …… 46

Question 16 順序を示す表現、first、second、third まではなぜ「th」がつかないのか？ …… 48

Question 17 「秒」を表す単語はなぜ second ＝「2番目の」なのか？ …… 50

Question 18 名詞の複数形には「s」をつけると習ったのに、foot（足）はなぜ feet になるのか？ …… 52

Question 19 child の複数形は、なぜ childs ではなく、children になるのか？ …… 54

Question 20 複数形ではないのに、なぜ sometimes や always には「s」がつくの？ …… 56

Question 21 study など y で終わる動詞に三単現の「s」をつけるとき、語尾の y を i に変えて es をつけるのはなぜ？ …… 58

Contents 7

Question 22	なぜ go の過去形は went なのか？	60
Question 23	「今、行くよ」はなぜ I'm going. ではなく I'm coming. なのか？	62
Question 24	グラスを掲げて「Toast!」。トーストがなぜ乾杯の意味になるの？	64
Question 25	be 動詞は、なぜ「be 動詞」と呼ばれるのか？	66
Column 2	日本人もよく使う英単語の意外な"もうひとつの意味"	68

Chapter 3 教科書には載っていない!?
その表記のなぜ？

Question 26	ドルはなぜ「$」と書くのか？	70
Question 27	know（ノウ）や knife（ナイフ）の「k」、なぜ読まない？	72
Question 28	住所の表記、なぜ「番地」から書くの？	74
Question 29	アメリカ式は「May 10, 2025」、イギリス式は「10th May, 2025」、年月日の表記が違うのはなぜ？	76
Question 30	October の octo は 8 という意味なのに、なぜ 10 月になったの？	78
Question 31	英語の数字、ten thousand（1万）や one hundred million（1億）など 1000 や 100 万を単位にするのはなぜ？	80

Question 32	running は n を重ねるのに、なぜ listening は n を重ねない? ……82
Question 33	「～する人」の表現、runner（ランナー）は er で、pianist（ピアノ奏者）は ist、どう使い分けているの? ……84
Question 34	sry や sup、IDK に ASAP…。英語では略語がよく使われるのはなぜ? ……86
Question 35	Mr. と Mr Mrs. と Mrs ピリオドをつけたりつけなかったりするのはなぜ? ……88
Question 36	ピリオドとカンマ、じつは使い方が複雑というのは本当? ……90
Question 37	アポストロフィ（'）は何の記号? ……92
Question 38	「?」が疑問を示す記号になったのはどうして? ……94
Column 3	不思議な記号、「:」（コロン）や「;」（セミコロン）にも意味がある! ……96

Chapter 4　日本人が混同しやすい!?　その違いは何?

Question 39	will と be going to は、どこがどう違うの? ……98
Question 40	Let's ～、Shall we ～?、Why don't we ～? 誘い文句のニュアンスの違いは? ……100
Question 41	must と have to じつは意味が違うって本当? ……102

Contents　9

Question 42	「そのとおりだ」というときは That's right. なぜ It's right. とは言わないの?	104
Question 43	maybe、perhaps、probably、possibly ではどのくらい確率が違ってくる?	106
Question 44	always、usually、frequently、occasionally ではどのくらい頻度が違ってくる?	108
Question 45	「人に会う」は meet か see か、使い分けはどうなっているの?	110
Question 46	「話す」を意味する単語、talk、speak、say、tell といくつもあるのはなぜ?	112
Question 47	This is very big. と This is too big. では、意味がどう違ってくるの?	114
Question 48	ago と before は、同じ「過去」でも何がどう違うの?	116
Question 49	何かを借りたいとき、use と borrow の使い分けは?	118
Question 50	何かを貸すとき、rent、lease、lend、loan の使い分けは?	120
Question 51	「うまくいくといいな」と望むのは wish ではなく hope なのはどうして?	122
Question 52	" ~ arrive in Japan" はOKでも、" ~ arrive at Japan" はダメなのはなぜ?	124
Column 4	うっかり使うとおかしな意味になる和製英語	126

Chapter 5

単数・複数、冠詞、時制…etc.

英語ならではのなぜ？

Question 53	「〜してね」と念押しするとき、"〜, will you?" や "〜, won't you?" と未来形にするのはなぜ？ … 128
Question 54	"If I were a bird, 〜" なぜ仮定法は過去形なのか？ … 130
Question 55	「〜したほうがよい」の had better 〜は、なぜ過去形なのか？ … 132
Question 56	had to は「〜しなければならなかった」だけど、「だから、やった」の？「でも、やらなかった」の？ … 134
Question 57	can の過去形は could、will は would、助動詞にも過去形があるのに、なぜ must だけは過去形がない？ … 136
Question 58	茶色い瞳は brown eyed、左利きは left handed、なぜ過去分詞なの？ … 138
Question 59	I walk to school every day. は、現在（今）のことではないのになぜ現在形を使うのか？ … 140
Question 60	英語にはなぜ a や the などの冠詞が必要なのか？ … 142
Question 61	breakfast、lunch、dinner には a がつかないのはなぜ？ … 144
Question 62	This is a pen. の pen が apple になると、なぜ "an apple" になるのか？ … 146

Contents 11

Question 63	everyone や everybody は「みなさん」なのに、なぜ単数扱いなの？	148
Question 64	おめでとう！の Congratulations! はなぜいつも必ず複数形にする？	150
Question 65	「お金がたくさん必要」と言うとき、"I need much money." ではなぜダメなのか？	152
Question 66	タマネギをたくさん買ったときは many onions なのに、スープに入れるとなぜ much onion になる？	154
Question 67	sheep(羊)は、なぜ複数形も sheep なの？	156
Column 5	学校の授業で習った一般動詞って、何が「一般」なの？	158

Chapter 6 学生のときに教えてほしかった!?

英文法のなぜ？

Question 68	現在完了形はなぜ have を使うのか？	160
Question 69	現在完了形、現在が「完了する(した)」とはどういう意味なの？	162
Question 70	英語はなぜ「主語＋動詞＋目的語」のように語順が決まっているの？	164
Question 71	英語はなぜ主語を省略できないのか？	166
Question 72	なぜ疑問文や否定文になると突然 do が出てくる？	168

Question 73	疑問文を作るとき、なぜ主語と動詞の順番を入れ換えるの？ …… 170
Question 74	「速く走る」は run + fast なぜfast(速く)+run(走る)の語順ではない？ … 172
Question 75	are not の短縮形はあるのに、am not の短縮形がないのはなぜ？ …………… 174
Question 76	some は肯定文、any は否定・疑問文に使うと習ったけど違うケースもあるみたい。なぜ？ … 176
Question 77	「私はイタリアにもフランスにも行ったことがない」はなぜ "I have never been to Italy and France." ではダメなのか？ ………………………………… 178
Question 78	or はなぜ命令文の後では「さもないと」という意味になる？ ……………… 180
Question 79	なぜ比較級には er をつけるものと more を使うものがあるの？ …………………… 182
Question 80	the best のように、なぜ最上級になると the がつくのか？ ………………………………… 184
Column 6	or や nor を使ったさまざまな表現 …………… 186

※本書は2020年7月に新書判で刊行された『「英語のなぜ?」がわかる図鑑』を再編集し、改題して文庫化したものです。

編集協力／タンクフル

本文図版・DTP／エヌケイクルー

Chapter 1

学校では教えてくれない!?
英語、そもそものなぜ？

そもそも、なぜ英語はENGLISHと呼ばれるの？

Question 1

「イギリスの言葉なのに、なぜイングリッシュ？」と思ったことはありませんか。イギリスの正式名称は United Kingdom of Great Britain and Northern Ireland です。「イングリッシュ」には結びつきません。

なぜイングリッシュなのか。その理由は、英語のルーツを辿るとわかってきます。紀元前から5世紀頃にかけて、イギリスのグレートブリテン島ではケルト語やラテン語が話されていました。

そして、5世紀以降になるとドイツの北部や北欧からゲルマン民族の一派であったアングル人やサクソン人、ジュート人（その人たちを総称してアングロ・サクソン人と呼びます）がグレートブリテン島に渡り、定住するようになりました。

その人たちが話した言葉、「アングル人＝ Angle（Engle）人の言葉」が英語のルーツで、English の語源となりました。イングランドは、Engla land ＝アングル人の土地という意味です。

ちなみに現在では、イギリス英語やアメリカ英語だけではなく、オーストラリアを中心としたオセアニア英語、インドで話されるインド英語など、「さまざまな種類の英語」があ

England だから English じゃない！

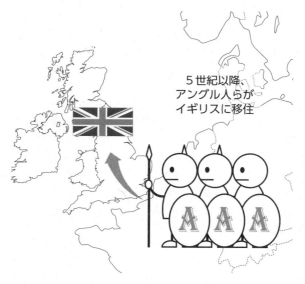

Angle (Engle) 人の言葉→Englishに

※現在のイギリス国旗のユニオンジャックは1801年頃から使われた。

ると考えられるようになりました。そのため、English に複数形の s をつけた World Englishes や Englishes という言葉が使われるようにもなっています。

 アングロ・サクソン人が話していた「アングル人＝Angle (Engle) 人の言葉」から English になった。

英語で氏名の表記は、なぜ「名」+「姓」の順番になる？

Question 2

ハンガリーに「トカイ」というワインがあります。フランスの太陽王・ルイ14世が「王のワインにして、ワインの王」と賞賛した貴腐ワインです。ザ・ロイヤル・トカイ・ワイン・カンパニーの公式ホームページには、現在でも「The Wine of Kings, the King of Wines」と記されています。

さて、古い英語の時代から、「王のワイン」のように「〜の」という所有を示すときには of を使います。その際の語順も The Wine of Kings と「モノ of 〜」でした。

同じように、古い英語の時代には人名の表記にも of が使われていました。まだ、姓を名乗るのが一般的でなかった頃は、「first name（名）of ○○○」で、○○○には土地の名や職業など、その人を特徴づける事柄が修飾語としてあてられていました。例えば、「大工のブライアン」であれば、Bryan of carpenter と表記したのです。

その後、多くの人々に姓が浸透するにつれ、大工の carpenter を姓にした人たちは「カーペンター家のブライアン」と呼ばれるようになり、さらに時代を経ていく中で of が欠落し、現在のように Bryan Carpenter といった表記になったのです。これが、英語で姓名を表記するときに名+姓の順番になる理由です。

現在もフランス語やドイツ語、オランダ語の姓名で、こう

もともとは名+of+職業や地名などだった

したことの名残を見いだすことがあります。

例えば、フランス語では Charles de Gaulle(シャルル・ド・ゴール)の de、ドイツ語なら Johann Wolfgang von Goethe(ヨハン・ヴォルフガング・フォン・ゲーテ)の von、オランダ語なら Vincent van Gogh(フィンセント・ファン・ゴッホ)の van です。いずれも英語の of にあたる言葉が人名に残っています。

 古い英語では「名 of 職業や地名など」だったのが of がとれて「名+姓」となった。

なぜ天候や時刻の表現では「it」が主語になるのか？

Question 3

英語の it には、さまざま役割があります。例えば、

Is this your book? Yes, it is.

の it は代名詞として働き、前の名詞を示します。
また、it は主語としても働きます。

It's cloudy today. (今日は曇りだね)

などです。天候や時刻を表現するとき、日本語では主語を省略できますが、英語では it を主語とします。
その理由として、it の代名詞としての働きが考えられます。It's cloudy today. を少々まわりくどく記すと、

The weather is cloudy today.

この、The weather といういわば本当の主語を it という代名詞に置き換えているのです。会話の中で「曇りだね」といえば、「天候は」と前置きする必要はないでしょう。主語を省略してもいいように思いますが、英語では主語+動詞+目的語といった語順を守ることをとても大切にします。主語をなくさないために it で代用したのです。
it を主語にすることで表現できることは数多くあります。

It's August 1 today.

It's summer!

It's ten o'clock.

主語をなくさないために「it」で代用

It's cold.（寒いね）
It's spring!（春だ！）
It's April 20 today.（今日は4月20日）
It's Friday.（金曜日だね）
It's far from here.（ここからはだいぶ遠いよ）

いずれも、気温や季節、日付や曜日、距離など主語は明らか。それでも省略できないので it を主語にしています。

 日常会話の中では、いちいち「天候は〜」「時刻は〜」と言わなくてもわかるので「it」で代用したから。

クリスマスを Xmasと書くのはなぜ？

Question 4

　毎年、師走の頃になると「クリスマスセール！」や「クリスマスケーキ 予約受付中！」といったポスターやポップを見かけます。クリスマスを英語で表記するとChristmasで、「Christ＝キリスト」の「mass＝礼拝・ミサ」という意味合いです。

　ところで、ChristmasのChristをアルファベットのX（エックス）に置き換えて、XmasやXマスと書かれているのを目にしたことがあると思います。なぜXと書くのでしょうか。

　理由は、クリスマスという言葉のルーツが古代ギリシャ語にあるからです。

　ギリシャ語では、キリストを「χριστός（クリストス）」と記します。頭文字のχ（カイ）は英語のXの元になった文字です。

　クリスマスのChristを「χριστός」の頭文字χに置き換え、さらにχが英語のXになってXmasと書かれるようになりました。

X'masではない

　このXmasはすでに12世紀には定着していた「由緒正しき」表現ですが、最近ではXがキリストを意味するという本来の意

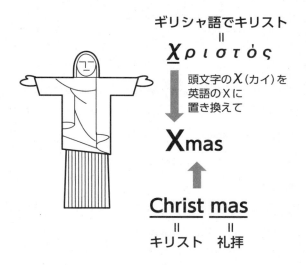

味を知らない人も増え、「単なる略語」として認識されているようです。

そのため、「公式には Xmas を使うのは好ましくない」とする風潮もあるようです。

ちなみに日本では X'mas とアポストロフィをつけて書かれることもありますが、正しい表記とはいえません。

> ギリシャ語のキリスト「$\chi\rho\iota\sigma\tau\acute{o}\varsigma$（クリストス）」の頭文字Xを英語のXに置き換えてXmasと書いたから。

なぜ「三単現」の動詞には「s」がつくの？

Question 5

英語の勉強で多くの人が戸惑うのが「三単現のs」でしょう。「私」がピアノを弾くと言うときには、

I play the piano.

となるのに、「彼女」がピアノを弾くとなると、

She plays the piano.

と動詞の後ろにs（es）がつくルールです。

「三単現」とは、文章の主語がI（一人称）やyou（二人称）以外のhe、she、itなど「三人称」の「単数」で、動詞が「現在形」であることを示します。

もともと、古い英語では主語によって動詞の形が変わりました。現在でもドイツ語などでは、主語の人称や数によって動詞が変化します。

例えば、古い英語でsing（歌う）は次のように変化していました。

	古い英語 （16世紀頃）	現代の英語
一人称(I)	sing	sing
二人称(you)	singest	sing
三人称(heなど)	sings	sings
複数(weなど)	sing	sing

　ところが、英語が簡略化されていく中で、主語によって動詞が変化することは、徐々になくなっていきました。

　ただし、グレートブリテン島は地方ごとに訛りがあり、とくに北部地方の訛りでは三単現どころか主語がIでもyouでも動詞の現在形にはsをつけていたほど。それが、英語が簡略化されていく中でも「三単現のs」として生き残って南部に伝わり、ロンドン経由で広まったと考えられています。

 「三単現のs」は、主語によって動詞が変化するかたちの「生き残り」だから。

単数でも複数でも youはyouのまま、のなぜ？

Question 6

英語は単数か複数かの区別をしっかりする言語です。

「私」の I が複数では we に、he や she が複数では they になります。ただし、二人称の you は単数も複数も you のままです。なぜなのでしょうか。

じつは、古い英語では you にも単数と複数の区別がありました。「あなた」が thou で「あなたたち」が ye（もしくは you）。古い英語と書きましたが、ye は今でも、How d'ye do?（初めまして）や That's a fine how-d'ye-do.（それは困った状況だ）といった慣用表現に残っています。

その後、「親しい間柄では thou、目上の人には ye（you）」という使い方が一般的になりました。相手が目上の場合、一人であっても複数形を使うほうが丁寧な表現になると考えられるようになったから、とされています。日本語でも、天皇や公家など身分の高い人を示す古い言葉に「公達」があります。これも「〜達」と複数で表現することで敬意を示しているのです。

これがどうして you に一本化されたのでしょうか。

理由は明確ではありません。有力なところでは、自由平等の考え方が浸透し、身分の違いで言葉を変えるのはおかしいとなり、単数の thou と ye（you）が ye（you）に統一され、複数の ye（you）はそのまま残ったという説があります。結

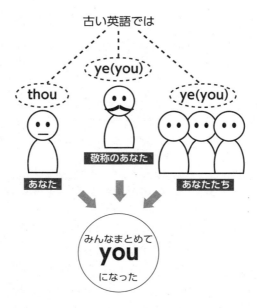

果的に「あなた」も「あなたたち」も「ye (you)」になったのです。

そして、ye があまり使われなくなって you に変わった今でも、その考え方が引き継がれ、単数も複数も you のままで使われていると考えられています。

 古い英語では単数の thou、敬称の ye (you)、複数の ye (you) があって、それが ye (you) に統一されたから。

Question 7 英語には本当に敬語がないの？

日本語には敬語表現があります。「です・ます」調の丁寧語、「見る」を「ご覧になる」とする尊敬語、「言う」が「申す」に変わる謙譲語などの表現です。一方、英語には、尊敬語や謙譲語に相当する表現はありません。

その理由は、イギリスやアメリカの社会では、社会的地位や年齢による上下関係の意識が希薄だからと考えられます。例えば、brother や sister は兄か弟か、姉か妹かを区別しません。年齢の上下を問題にしないのです。

ただし、英語にも丁寧な表現はあります。例えば、

Lend me three thousand yen.（3000 円、貸してよ）
Could you please lend me three thousand yen?
（3000 円、貸していただけませんか？）
I was wondering if you could possibly lend me three thousand yen?（3000 円を貸していただけたらとお願いしても、お気を悪くされませんか？）

と丁寧さの度合いが異なる何種類もの表現があるのです。

ただし、目上の人には丁寧な英語で話すのがマナーかといえば必ずしもそうではないようです。英語の丁寧語は「相手との距離感」を示します。やたらと丁寧語を使うと、距離を置きたいがために、わざと丁寧な言葉を使っていると勘繰ら

英語にも丁寧な表現はある

れることもあるようです。

ようは、日常生活においては社会的立場や年の差を気にせずフランクに話し、フォーマルな場面では、例えば大統領には sir を、軍隊でも上官への返答には sir を使うなど TPO に応じて丁寧語を使うと考えてよさそうです。

> 社会的地位や年齢による上下関係の意識が希薄で、日常生活では平等でフランクな表現が好まれる。ただし TPO に応じた丁寧な表現はある。

人に何かを依頼するとき、Can you〜? を Could you〜? と過去形にすると丁寧な言い方になるのはなぜ？

Question 8

友人にある場所へ行く道を尋ねるときは、

Can you tell me the way?（道を教えてくれる？）

という言い方で問題ないでしょう。でも街中で通りすがりの人を呼び止めて道を尋ねるときなどには、

Could you tell me the way?（道を教えてくださいますか？）

のほうが丁寧です。can を過去形の could に変えると、丁寧な表現になります。なぜでしょうか。

英語の過去形は、距離感を示しています。現在と過去の「時間的な距離感」だけでなく、「現実と実現できない願望との距離感」や「人間的な距離感」も表すことがあるのです。

初対面や目上の人に、Can you 〜 ? とすると「〜してくれる？」と直球で伝えてしまうことになります。

そこで、Could you 〜 ? と過去形にして、相手との距離を取り、「〜してくださいますか？」と伝えているのです。

依頼表現の、Will you 〜 ?（〜してくれない？）も、Would you 〜 ? と過去形にすると丁寧になり、「もしよければ〜」と相手の意思を確かめるニュアンスも生まれます。

ところで、can の過去形が could と書きましたが、過去の

canとcouldでは「距離感」が違う

あるときに単純に「できた」という意味では使われません。日常会話で「〜できた」と表現するときには、couldではなく、was (were) able to 〜 を使います。

couldは、「もし〜なら、〜できただろう」と仮定法で使うか、He could play the piano very well at age four.（彼は4歳にして、すでにピアノをとても上手に弾けた）のように、「常に能力を発揮できた」といった表現で使います。

> **Answer** 過去形は「時間的な距離感」だけでなく「人間的な距離感」も表すため。

そもそもなぜアルファベットは26文字なのか？

Question 9

アルファベットとは、英語やドイツ語、ロシア語などの言語を表記するのに使われる文字体系です。英語のアルファベットはAからZまで26のローマ字ですが、ドイツ語は30文字、ロシア語は33文字です。

現在の英語のアルファベットは、ローマ帝国時代の公用語だったラテン語のラテン文字を基礎としています。ラテン文字は、ギリシャ文字を基礎とし、さらにルーツを辿ると古代フェニキア文字に起源があります。

ローマ帝国の成長とともに、ラテン文字が普及しましたが、当時のラテン文字は20文字しかありませんでした。

例えば、ラテン語には「グ」の音の文字がなかったので、CにフックをつけてGを作り、さらに、ギリシャ文字からYとZを取り入れて全部で23文字のラテン文字ができあがりました。紀元前2世紀頃のこと。これが現在の英語のアルファベットのベースです。

さらに、時代を経ていくうちに、JやW、Vの音を示す文字が作られました。Jは、それまで発音記号の [i] と [j] の両方の音を表していたIの下部分を伸ばしてJとしたものです。Wは、[u] とは別に [w] の音が必要とされ、Uを2つつなげてWとしました。Vはフランス語から加わった文字です。

このように1000年以上をかけ、アルファベットは26文

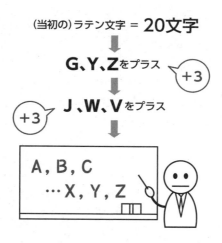

1000年以上をかけ、26のローマ字となった

字になりました。ちなみにアルファベットとは、ギリシャ文字のアルファとベータを組み合わせた名称です。

ところで、アルファベットは音を表す「表音文字」で、文字自体に意味はありませんが、起源はあります。Aは家畜、Bは住居の部屋の間取り、Cはラクダのこぶや首が起源だとされています。

> ギリシャ文字を起源に23文字からなるラテン文字が整い、さらにJ、W、Vが加わり、現在の26文字になった。

英語には、なぜ大文字と小文字があるのか？

Question 10

　日本語は大文字と小文字の区別がありません。身近な言語では中国語にも韓国語にも大文字・小文字はありません。ところが、英語には、その区別があります。

　しかも、文章の初めは必ず大文字にする、固有名詞は大文字にする、「私」を示すIはいつも大文字など、大文字と小文字の使い分けまで決められています。英語にはなぜ大文字と小文字があるのでしょうか。

　英語のアルファベットの基礎となったラテン文字が23文字に整理されたのは紀元前2世紀頃。そこから文字数を26文字にまで増やしていくのですが、その過程では大文字が使用されるのが一般的でした。

　じつは、小文字が広く使われるようになったのは、だいぶ時代が後になってから、8世紀半ば以降に「カロリング小文字体」が発明されてからです。カロリング小文字体とは、ローマ帝国の皇帝でもあったフランク王国のカール大帝が、イギリスの神学者アルクィンを招き、ラテン語の文献を整理させたときに考え出されました。

　当時は、カロリング＝ルネサンスと呼ばれた文芸復興の時代。一般市民も文字を書くことが増え、羊皮紙が不足していました。古いラテン語の文献を整理する中でも高価な羊皮紙を節約しなければならず、文字をできるだけ小さくして詰め

小文字は"紙"の節約から生まれた

て書くことが必要でした。

当時から小文字はあったのですが、修道院ごとに表記法が異なるなど、一般的には使われていませんでした。そこで、表記法を統一した新しい小文字として考え出されたのがカロリング小文字体で、これが広く普及し、現在の英語のアルファベットの小文字になったのです。

 もともとは大文字を使うのが一般的だったが、高価な羊皮紙を節約するために、統一的な小文字が考え出され普及したから。

Question 11
なぜ「I（私）」は、いつでも大文字で書くの？

　日本語では、「私」を示す言葉はいくつもあります。「私（わたくし・わたし・あたし）」のほか、「僕」「俺」「自分」「儂（わし）」、仕事ではへりくだって「小職（しょうしょく）」を使うこともあります。それぞれ、主語として使えます。

　ところが、英語で自分を示す主語はIだけで、必ず大文字で書きます。これはなぜでしょうか。「アメリカ人は自分が大切、だからIを大文字で書く」といったことを耳にしますが、理由はそんなに単純ではないようです。

　Iが「私」を示す言葉として定着するまでには紆余曲折（うよきょくせつ）がありました。ゲルマン民族がグレートブリテン島に移り住んだ頃、古い英語や古いドイツ語では、「私」はić/ic/ich/ihなどと小文字で表記されていました。

　このicやichなどが、その後にiの1文字になり、発音も「アイ」に変わっていったのですが、それでも文中に小さくiと書かれた文字は、主語なのか他の単語の一部なのか、ぱっと読んだだけでは見分けがつきにくかったのです。

　iを伸ばしてjと記すなどの工夫もされましたが、小さい文字では、見落とされることがあったようです。

　そこで、15世紀末頃に、もっと大きくして見やすくしようとiやjをやめてIと常に大文字で書くようになりました。

　ちなみに、ドイツ語で「私」はichで、これはihに由来し、

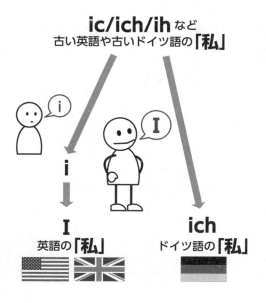

ic や ich とも関連します。ドイツ語では、ich は文中では小文字になることもありますが、(敬称二人称で)「あなた」を示す Sie(ズィー)は必ず S を大文字で書きます。

> 古くは i や j と書いていたが、主語なのか他の単語の一部なのか見分けがつきにくかったから。

Column 1

英語で「丁寧に」言うときの
お役立ちフレーズ

　この章の Question 8 で、Can you 〜? を Could you 〜? と過去形にすると丁寧な言い方になると説明しました。その他にも、相手に「礼儀正しい」印象を与える丁寧な表現があります。
　例えば、何かを依頼するとき、

Would you do me a favor?（お願いがあるのですが）
I was wondering if you could do me a favor.（ひとつお願いしてもよろしいでしょうか）

と、ひと言添えるだけで相手への印象が変わります。
　また、相手に「〜してはいかがですか」「〜するといいかもしれません」と丁寧に提案するシーンはよくありますよね。そんなときは、maybe で表現できます。

Maybe you could take a bus.（バスに乗ったらいかがでしょう）

主語を we に変えると、

Maybe we can have lunch.（よかったら、お昼、一緒に食べませんか）

と、控えめなお誘いでも使えます。

Chapter 2

英語の先生も知らない!?
英単語のなぜ？

「右」はright、「正しい」もright、なぜ同じ単語なの？

Question 12

　大昔の日本では、左大臣のほうが右大臣より地位が上でした。歌舞伎でも舞台から観客を見て左側を上手(かみて)と呼びます。日本は「左が上」の社会でした。

　それでは、ヨーロッパではどうでしょう。古代ローマ人は、自身の身体の右側は神が宿る「良い側」で、左側には悪霊が宿ると信じていたそうです。

　そのことは以前、大学入試センター試験で出題された英語の問題文でも取り上げられ、広く知られるようになりました。次のような文章です。

The ancient Romans believed that the right side of the body was the good side, while the left side held evil spirits.

　古代のローマ人は、神の前に進み出るときや神殿に入るとき、神が宿る「右足から」踏み出すのが「正しい」と考えるようになりました。だから、右を意味するrightが「正しい」という意味を持つようになったとされています。

　他にも「右が正しい」と考えられていたことがうかがえる言葉があります。キリスト教の聖書のひとつ「伝道者の書」10章2節に記された、「知恵ある者の心は右に向くが、愚かな者の心は左に向く」です。

自分の右側は神が宿る「良い側」とされた

聖書の言葉からも「右が正しい」と考えられていたことがうかがえます。

ところで、英語で「正しい」を意味するときには、correct も使います。right よりはフォーマルな言い方です。また、right は That's right!（そのとおりだ！）と自分の主観や意思、気持ちを込めたときにも使いますが、correct は客観的な正しさを表現するのに使うことが多いようです。

> 古代ローマ人が自身の右側を神が宿る「良い側」と信じていたから「right＝右＝正しい」となった。

豚はpigでも豚肉はpork、食肉になると呼び名が変わるのはなぜ？

Question 13

「住まい」を意味する house と residence では、どちらに高級感がありますか。フランス語由来の residence に高級住宅のイメージを持つ人が多いのではないでしょうか。

英語には、フランス語由来の言葉が数多くあります。このことは、pig（豚）が pork（豚肉）へと呼び名が変わる理由と深い関係があります。

英語を学ぶ上で、忘れてはならない歴史上の出来事があります。1066年の「Norman Conquest（ノルマン・コンクエスト：ノルマン人の征服)」です。イングランドがエドワード王の亡き後に、フランス北西部にあったノルマンディー公国によって征服されたのです。

この大事件以降、約300年もの間、イングランドではノルマン人が使っていたフランス語が広まり、フランス語、あるいはフランス語のルーツであるラテン語に由来する言葉が大量に浸透していきました。

しかも、それらの言葉は支配階級＝上流階級の言葉として定着し、英語は被支配階級の言葉として受け継がれたのです。

現在の英語にもこの影響が色濃く残っています。それが、pig が pork になる理由です。被支配階級の言葉（英語）で豚は pig (swine、hog) でしたが、支配階級の言葉（古いフラ

もともとの英語　　フランス語から流入

pig　　　　**pork**

beefもmuttonも食用肉はフランス語由来

ンス語）では porc（英語の pork の由来）でした。

　もともとは porc も豚の意味でしたが、被支配階級が育てる pig（swine、hog）に対し、支配階級がそれらを豚肉として食べるときには porc に由来する pork を使おうと区別したのです。

　cow や ox（牛）が beef（牛肉）に、sheep（羊）が mutton（羊肉）になるのも同様にフランス語に由来しています。

> ノルマンディー公国に征服されたイングランドで、豚（pig）を食べる上流階級の言葉としてフランス語由来の pork が使われるようになったから。

motherがママは わかるが、なぜfatherが パパになるの？

Question 14

　未就学児・小学生・中学生の保護者を対象に実施した調査（2024年）では、自分の親を「お父さん・お母さん」と呼ぶのは約3割で、「パパ・ママ」が約5割でした。

　さて、このパパ・ママという呼び方は、いずれもフランス語のpapa（パパ）、maman（ママン）に由来します。フランス語では、お父さんはpapaで、「私の父です」など丁寧な言い方はpère（ペール）、お母さんはmaman、母はmère（メール）です。

　英語でも、お父さんをpapa、お母さんをmamaと呼びますが、じつはこの呼び方は、あまり使われません。

　英語では、父はfather、お父さんはdad、母はmother、お母さんはmomが一般的です。このうち、motherやmom、フランス語由来のmamaは、いずれもmから始まります。なので、語源はラテン語で母を意味するmaterやmammaにあるといわれても納得できるでしょう。

　ところが、father、dad、papaには共通項がないように思え、fatherがパパになるのはピンときません。

　fatherの語源は、ラテン語で父を意味するpaterです。一方、papaは、ラテン語で父を意味する幼児語のpapa、教皇を意味するPapa、ギリシャ語で父を示すpapasなどに由来するとされています。

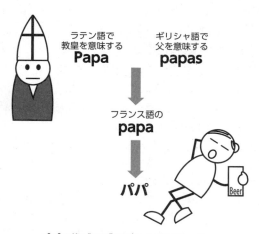

パパの権威はずいぶんと墜ちた…?

　さらに、dadとなるとラテン語で父を意味するもうひとつの幼児語のtata、ウェールズ語で父を示すdadに由来するなど諸説あります。

　つまり、fatherはラテン語のpater、dadはラテン語のtataやウェールズ語のdad、papaはラテン語のPapaやギリシャ語のpapasなどが語源です。それぞれ直接の語源が異なるので、father、dad、papaに共通項がないように見えるのです。

> fatherはラテン語のpater、papaはラテン語のPapaやギリシャ語のpapasなどに由来するように、語源が異なるから。

Question 15
ベースボールやバスケットボールはballがつくのに、なぜテニスはballがつかない？

　テニスの起源は、手のひらでボールを壁に向かって打つ遊びで、古い英語でhandballと呼ばれていました。5本の指を使うことからfivesとも呼ばれ、アイルランドやイングランド、スコットランドで盛んになりました。

　これがフランスに広まり、二人で向かい合って、その間に柵を立て、素手やラケット状の道具で打ち合うjeu de paume（ジュ・ド・ポーム）という球技になりました。現在のテニスの原型です。それが14世紀半ばに再びイングランドに持ち込まれました。

　英語での球技名が決まっていない中、jeu de paumeでは、サーブを打つときにフランス語でtenez（トゥネ）と声を発し、「さあ、打つわよ！」「（サーブを）取ってごらんなさい」と呼びかけてからプレイをスタートしていました。そのかけ声が、英語で「テニス」と発音されるようになり、定着したとされています。

　ちなみに、サッカーもイングランド発祥ですがballはつきません。「サッカーは英語ではない」と勘違いされることもあるようですが、soccerは由緒正しき英語です。

　その昔、イングランドでは地域ごとにfootballのルールがありました。そこで1863年にfootballクラブの協会（association）を設立し、共通ルールを決めました。

サーブを打つときのtenezがtennisに転じた

共通ルールの football は、association football（協会式フットボール）と呼ばれ、association を soc と短くし、競技する人を意味する er をつけた soccer と呼ばれるようになったのです。現在のアメリカでは、アメリカンフットボールと区別する意味もあり、soccer が一般的です。

soccerは association の "soc" + er から

> Answer
> フランスで広まったテニスの原型の球技で、サーブを打つときに tenez と声を発していて、それが球技名の由来となったため。

順序を示す表現、first、second、thirdまではなぜ「th」がつかないのか？

Question 16

　企業や店舗などが開業から10周年を迎えたときには10th (tenth) anniversary と表現します。英語では、基本的に「数詞に th をつける」と順序を示す序数詞になります。

　ところが、one に th をつけて oneth としても「1番目の」という意味の序数詞にはなりません。「1番目の」は first です。同じように「2番目の」は second で、「3番目の」は third。この3つだけが th をつけるというルールから外れています。

　これは、first や second、third がそれぞれ、しっかりとした語源を持っているからです。

　first の語源は、古い英語で「前へ」という意味を持つ fore に最上級の語尾である est を合わせた forest の綴りが変化したものとされています。「前へ」の最上級ですから「最も前へ」、つまり「最初の」や「第一の」という意味を持ち、forest から fyrst、そして現在の first へと変化しました。

　second は、「その次の」という意味を持つラテン語の secundus に由来します。この単語が「2番目の」という序数詞として定着しました。

　「3番目の」を表す third は、古い英語では thridda と書きました。これは、3を示す thri に、古い英語で序数を示す語尾の da (d, dda) をつけた単語です。その thridda が変化して third になったとされています。

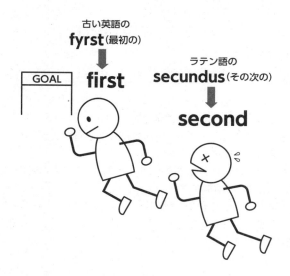

third(3番目の)も古い英語のthriddaから

このように、英語の序数詞の中でも first、second、third の3つは、出自がしっかりしていて、「家柄の良い」単語なのです。

 first は古い英語の fyrst に、second はラテン語の secundus に、third は古い英語の thri に由来するため。

「秒」を表す単語はなぜsecond＝「2番目の」なのか？ Question 17

　時間という概念は、もともと天体の周期から生まれました。古代のエジプトで地球が太陽の周りを回る周期から1年という単位が生まれ、やがて、月が地球を回る周期から1カ月という時間の単位が考え出されました。

　さらに、地球が自転する時間を1日として、それを24分割した単位が1時間です。

　人類が日時計で時間を計測していた時代は、hour（時間）が時の流れを示すおもな単位でしたが、やがて、もっと細かな時間管理が必要となり、1時間を60分割したminute（分）が生まれました。

　60分割された理由は、当時の天文学では60進法が使われていたからとされています。さらに時代が進み、「分」よりも細かな時間の単位が求められ、second（秒）が生まれたのです。

　このように、時間の単位を示す英語には、時間のhour、分のminute、秒のsecondがあります。

　minuteはラテン語のpars minuta primaに由来します。parsは「部分」、minutaは「小さい」、primaは「最初の」を示し、「最初の小さな部分」という意味になります。

　現在でも英語のminute（マイヌート）には「より小さくしたもの」という意味があり、例えば、minute particlesとい

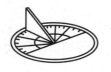

1日を24分割したもの
=
時間(hour)

1時間を60に
より小さく(minute)
分割したもの
=
分(minute)

1分を
その次に(second)
分割したもの
=
秒(second)

えば「微粒子」を指します。

つまり、「最初(first)」に1時間を60の小さな部分に分割した「分」が作られ、「その次(second)」に分をさらに細かく分割した「秒」が考え出されたのです。

そのため当初は、「秒」は「second minute(2番目の分)」と表記されていました。それが、時代とともに変化し「second(秒)」だけで使われるようになったのです。

 1時間を「最初(first)」に「分」に分けて、「その次(second)」に「秒」に分けたから。

Question 18 名詞の複数形には「s」をつけると習ったのに、foot(足)はなぜfeetになるのか？

日本語は、単数と複数の区別が明確ではありません。1冊でも何十冊でも「本」は「本」。英語では books と、語尾に s をつけて複数であることを明確にしています。

英語には、名詞を複数形にするルールが大きく3つあります。まずは、「語尾に s や es をつける」、もう1つは、child が children となるように「語尾に en をつける」、3つめが単語の中の「母音を音変化させる」です。

語尾に s や es をつけるパターンでは、s をつけるのが基本ですが、class のように語尾が s、box のように x、dish のように sh、peach のように ch、quiz のように z で終わる名詞などには es をつけます。語尾に en をつけるパターンは次項で説明します。

さて、foot の複数形ですが、つい foots としてしまいそうですが、正しくは feet です。単語の中の「母音を音変化させる」という3つめのルールに基づいています。

これは、英語のルーツとされるゲルマン語系の言語(ゲルマン諸語)での不規則な複数形の作り方に由来します。

当時の言語では、単語の中に母音の i があると、i の前にある「a や o を e に」「u を i に」変化させて複数形を作るというルールがありました。

ゲルマン諸語では、foot は fōt と記され、その複数形は語

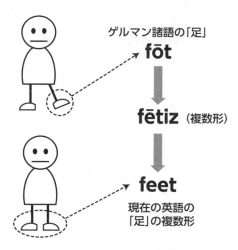

英語のルーツとされるゲルマン諸語の複数形のルールから

尾に iz がついて fōtiz で示されていたと考えられています。この末尾の母音 i が、前の母音 o を e へと変化させて fētiz とし、その後に語尾が抜け落ちて fēt となりました。

これが現在の feet になったのです。man の複数形が men に、woman が women に、tooth（歯）が teeth となるのも同じ理由です。

> **Answer** 英語のルーツとされるゲルマン諸語には、母音の i の前の a や o を e に、u を i に変化させて複数形にするというルールがあったから。

Question 19
childの複数形は、なぜchildsではなく、childrenになるのか？

前項では、英語の名詞を複数形にするルールが大きく3つあると説明しました。「語尾に s や es をつける」「語尾に en をつける」「母音を音変化させる」です。

child が children になるのは、2つめの「語尾に en をつける」というルールによるものです。

古い英語では、語尾に en をつけて複数形になる名詞は意外に多くありました。例えば、eye（目）は eyen、house（家）は housen、tree（木）は treen でした。

これら語尾に en をつけて複数形になる名詞は、その多くが、14世紀以降になると s や es をつけて複数形にするというルールに変わっていきました。現在では、child が children となるほか、ox（雄牛）の複数形が oxen として en の形で残っています。

children という単語は、「語尾に en をつける」というルールで複数形になる単語の「数少ない生き残り」なのです。

さらに、child は、それに加えて特別に r をつけた ren にして複数形になる「唯一の単語」でもあります。

なぜ、ren がついたのか。古い英語には、語尾に en だけではなく、an や u、ru をつけて複数形になる単語がありました。

child は、この中からまずは ru がついて child+ru（古い英

54

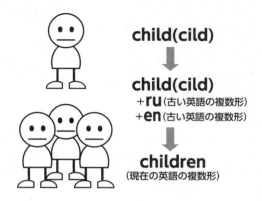

childrenは古い英語の複数形の語尾が2つ、ついている

語では cildru）で複数形になりました。その後、さらに複数形を示す en がついて、最終的に children となったのです。

本来なら、child+ru（cildru）が複数形だったのに、当時、複数形には s、es、en をつけるルールが広まり、一方で ru で複数形にするルールがあまり意識されなくなったことから、en が追加されたと考えられています。children は、複数形を示す ru と en が二重についたとても特殊な単語なのです。

> 古い英語では child に ru をつけて複数形とし、さらに複数形を示す en がついたため。

複数形ではないのに、なぜsometimesやalwaysには「s」がつくの？

Question 20

　sometimes は「時々」という意味です。「時々」、つまり何かが起きたり何かをしたりする「時」が何回かあるので「複数形のsがつく」という説明がされますが、これは間違いです。同じように、always の s も複数形の s ではありません。

　それでは、複数形を示しているわけではないのに、なぜ s がつくのでしょうか。

　例えば、「毎日、ジョギングしている」という文章では、「毎日」は名詞ですが、「ジョギングしている」にかかり副詞的な働きをします。英語でも、every day、next week、last year など、名詞なのに文中で副詞的に働く言葉は数多くあります。名詞の副詞的用法です。

　古い英語では、このように名詞を副詞的に使うとき、名詞の語尾に s(e) をつけていました。sometime という「ある時・あるタイミング」といった意味合いの名詞の語尾にも s(e) をつけて、「時々」という副詞としたのです。always も「全ての方法」や「全てのやり方」といった意味合いの名詞に s(e) がついて、「どんな方法においても」＝「いつも」という副詞になったのです。

　単語の語尾に s(e) をつけて副詞となった単語は sometimes や always の他にも、「さらに、その上」や「他に」を意味する besides、「その他の」というときの else などが

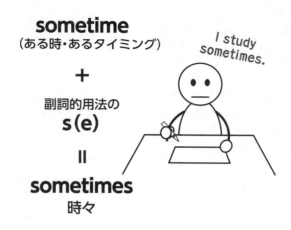

古い英語で名詞を副詞的に使うときのルール

あります。

ところで、sometimes を、sometime や some time と混同してしまう人もいるかもしれません。sometime は「いつか」、some time と半角スペースを入れると「しばらくの間」という意味になります。

> 古い英語では名詞の語尾に s (e) をつけて副詞として用いる用法があり、sometime に s (e) をつけて、sometimes＝時々という副詞としたから。

Question 21
studyなどyで終わる動詞に三単現の「s」をつけるとき、語尾のyをiに変えてesをつけるのはなぜ？

　日本語には表意文字の漢字があります。だからでしょうか、芋焼酎を「いもじょうちゅう」でも「いもしょーちゅう」でも、漢字がぱっと頭に浮かびます。

　一方、英語は表音文字のアルファベットで構成される言葉です。文字の一つひとつには意味がないので、文字の組み合わせや発音を間違えてしまうと意味が通じなかったり、全く別の言葉と勘違いされたりします。

　study(勉強する)は「スタディ」と発音します。このstudyは、主語が三人称単数のときには三単現のsがついてstudiesになります。発音は「スタディーズ」。

　もし、studyにそのまま三単現のsをつけて、studysとしてしまうと、発音は綴り的に「スタダイズ」となるでしょうか。スタディという本来の発音から離れてしまい、「もともと、どんな単語にsがついたのか」がわかりにくくなってしまいます。意味が通らなくなってしまうでしょう。

　そのため、語尾のyをiに変えてesをつけ、スタディーズと発音できるようにしているのです。「努力する」や「ためしにやってみる」といった意味のtryもyをiに変えてesをつけます。trysとすると「トリス」となってしまい、もとの単語が何だったかわからなくなってしまいます。

　じつは、こういった語尾の変化は三単現のsをつける場合

発音が変わると通じなくなる…から？

だけに限ったことではありません。Question32 で説明しますが、run（走る）に ing をつけるとき、語尾の n を重ねて running とします。これも、runing としてしまうと、「ルニン」に近い発音となってしまい、もともとの単語かがわかりにくくなってしまうからです。

> studys としてしまうと「スタダイズ」などと読み間違えられ、もともとどんな単語だったのかわかりにくくなるから。

Question 22
なぜgoの過去形はwentなのか？

英語では動詞の過去形にはedをつけるという決まりがあります。例えばplayの過去形はplayed、callの過去形はcalledです。ところがgoの過去形はgoedではなくwentになります。playedやcalledなら、もともとの単語の姿形が残っているのですが、wentはgoとは全く別の単語のようです。どうしてこんな変化をするのでしょうか。

その理由を探るヒントの1つが、goの過去と過去分詞の変化にあります。goはgo-went-goneと変化します。「なんか、wentだけがヘン」と思うでしょう。そうです、wentはそもそも「goの過去形ではなかった」のです。

古い英語には、今のgoと同じような意味を持つwendという単語がありました。じつは、英語の辞書を引くと、今でも「wend：行く、旅行する」と出てきます。めったに使われなくなりましたが、今でも残っているのです。このwendの過去形がwentでした。

そして、時代を経ていく中で、wendがあまり使われなくなっていき、似た意味を持つgoが残ることになりました。ただし、その過去形にはちゃっかりwentが居座ったのです。

このように、ある単語の変化の中に語源の異なる単語が入り込み、定着することが英語ではよくあります。これは「補充法」と呼ばれ、現在・過去・過去分詞といった変化だけ

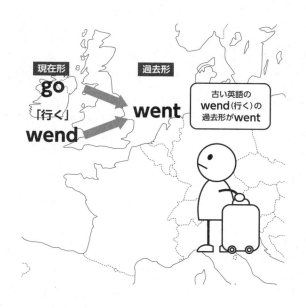

ではなく、比較級・最上級といった変化の中にも見られます。

例えば、good‐better‐best や bad‐worse‐worst です。good と better‐best、bad と worse‐worst は語源が違うので、全く違った単語のような変化をするのです。

 went はもともと go の過去形ではなく、古い英語の wend（行く、旅行する）という動詞の過去形だったから。

「今、行くよ」はなぜ I'm going.ではなく I'm coming.なのか？

Question 23

英語の授業で「come は来る、go は行く」と習いました。しかし、厳密には「come は来る」ではありません。例えば、

Breakfast is ready. Come here.（朝ご飯ができたわよ。おいでよ）

OK, I'm coming.（わかった、今、行くよ）

と、「行く」というのに come を使います。また、話し相手のところに「朝9時に行くよ」というときにも、I will come at nine. と go ではなく come を使います。

come の本当の意味合いは、「来る」でも「行く」でもなく、話題の中心にある人やモノに「近づく」です。

例文では、話題の中心である「朝ご飯」に近づいています。「朝9時に行くよ」も、話題の中心にある話し相手のところに近づくことを示しています。だから、come を使うのです。

come の意味合いについては、「自分が話し相手に近づくとき、あるいは、話し相手が自分に近づいて来るときに使う」という説明も目にしますが、十分とも言えないでしょう。例えば、「パーティーに行く？」と尋ねる場合、

Are you coming to the party?

と言いますが、自分が話し相手にも、話し相手が自分にも

話題の中心に「近づく」か、中心から「離れる」か

近づいてはいません。パーティーという話題の中心に近づいているから come を使うのです。

一方、go は come の反対です。話題の中心にある人やモノから「離れて行く」ときに使います。朝ご飯ができたと呼ばれたときに、I'm going. と言ってしまうと、「え、どこかに出かけるの?」となってしまいかねません。

> come は、話題の中心にある人やモノに「近づく」、go はそこから離れるときに使うため。

グラスを掲げて「Toast!」。トーストがなぜ乾杯の意味になるの？

Question 24

トーストに英語では独特な意味合いがあります。

Let's make a toast!

といえば、どんな意味だと思いますか。「トーストを焼きましょう！」ではありません。「さあ、乾杯しましょう！」という意味です。

焼いたパンがなぜ乾杯の意味合いになるのでしょうか。

その理由は15〜16世紀頃にまでさかのぼります。当時はワインの品質が安定せず、おいしくないこともあったようです。

そこで、風味を添えるために焼いたパンを一切れ入れて飲むのが習わしになっていました。そのときに「Toast!」と発声して飲んだことから、乾杯の意味を持つようになったのです。

この頃に執筆されたといわれる、ウィリアム・シェークスピアの喜劇『ウィンザーの陽気な女房たち』（1602年出版）にも、「おい、酒（ワイン）を持ってこい！ トーストをつけるの忘れるな」といったセリフがあります。

なお、Let's make a toast! というときには、a が大切な役割を果たしています。もし、

Let's make _a_ toast!

ワインに焼いたパンを一切れ入れて
飲んでいた

Let's make toast!

と言ってしまうと、「トーストを焼きましょう！」と本当に
パンを焼く意味になってしまいます。

> 15～16世紀頃、ワインに風味を添えるために焼い
> たパンを一切れ入れ、「Toast!」と発声して飲んだこ
> とから。

be動詞は、なぜ「be動詞」と呼ばれるのか？

Question 25

be 動詞とは、is、am、are、was、were の総称で、これらの原形が「be」だから be 動詞です。

is、am、are、was、were と原形の be で、ずいぶん形が違うのは、be 動詞が複雑なルーツを持つからです。

原形の be は古い英語の bēon がルーツ。bēon は、主語が I のときに beo、you で bist、三人称単数で biþ に変化し、現在の be 動詞と同じような働きをしました。

ところが、別の be 動詞で、主語が I のときに eom、you で eart、三人称単数で is、複数形で sindon に変化するものもありました。am, are, is のルーツです。

また、過去形として、I で wæs、you で wære、三人称単数で wæs、複数形で wæron と変化するものもありました。was と were のルーツです。

現在の be 動詞は、いわば「異なるルーツの動詞」が組み合わさっています。だから、複雑に変化するのです。

さて、be 動詞は、その役割が特殊です。

She is a doctor.（彼女は医者です）

では、is が彼女と医者を結びつけています。

She is in the hospital.（彼女は病院にいます）

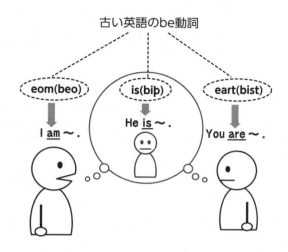

be動詞は「異なるルーツの動詞」が組み合わさっている

では、彼女が病院にいる「存在」を示しています。

be動詞には、主語と（主語の）性質や様子を説明する言葉とを結びつけ、主語が存在していることを示す役割があります。一般的な動詞にはない特殊な役割を果たしていることから、他の動詞と区別しているのです。

 古い英語で、今のbe動詞の役割を果たしたbēonに由来するから。

Column 2

日本人もよく使う英単語の意外な"もうひとつの意味"

この章でも紹介しましたが、「右」を示す right が「正しい」というように、意外な意味を持つ単語があります。

まずは、respect です。尊重や尊敬、他にも「関心・注意」「配慮する」という意味があります。

You must have respect for my feelings.（私の気持ちもわかってよ＝私の気持ちにも配慮してよ）

続いて、doctor の意外な意味。医師や医者だけでなく、「手当てをする」「治療する」ことから「手を加える」「改ざんする」といった意味もあります。

They doctored the sales report.（彼らは売り上げをごまかした）

また、lemon（レモン）には「不良品」という意味があり、buy a lemon で「不良品を買う」。さらに、

When life gives you lemons, just make lemonade.

は、「レモンが与えられたら、レモネードを作ろう」ではなく、「逆境を乗り越えよう」という慣用表現です。

他にも、want には「欠乏、貧困」、project には「（印象やイメージを）与える、伝える」、rail（線路・レール）には「ののしる」といった意味があります。

Chapter 3 教科書には載っていない!? その表記のなぜ？

ドルはなぜ「$」と書くのか？

Question 26

ヨーロッパ大陸と北アフリカの間にあるのがジブラルタル海峡です。ギリシャ神話では、ヘラクレスが巨大な岩山を真っ二つに分け、地中海と大西洋をつないだとされています。

その神話にちなみ、ジブラルタル海峡を挟んで、ヨーロッパ側とアフリカ側にある急峻な岩山を「ヘラクレスの柱」と呼ぶようになりました。この「ヘラクレスの柱」が、$の表記の由来に関わっているという説があります。

18世紀、イギリスからの独立を果たしたアメリカでは、ポンドとは異なる通貨が必要となり、アメリカ大陸の各地で広く流通していたスペインの銀貨（ペソ）を導入しました。

そのスペインの銀貨は、英語圏ではダラーと呼ばれ、ヘラクレスの柱が2本、描かれていました。その「ピラー・ダラー」（ピラーとは柱の意）が普及するにつれ、ピラー・ダラーの表記として、2本の柱に複数を示すSを重ねたマークを使うようになりました。これが、ドルの表記の由来とされています。

その他にもいくつもの説があります。ペソの最初のPと最後のSを重ねて表記したというものや、当時、1ペソがスペイン領・メキシコの8レアルだったことから、8レアル銀貨を示す|8|の表記に由来するという説などです。

もともと縦線は2本で表記されていました。最近では$と

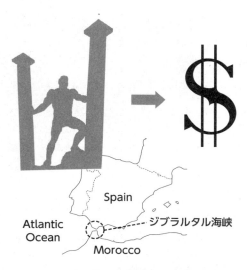

**ヘラクレスの2本の柱と複数を示すSを
組み合わせたといわれている**

縦線を1本で描くことが多いようです。

　ちなみに、ドルという呼び名は、15世紀末から19世紀にかけてドイツを中心にヨーロッパで流通した古い銀貨のThaler（ターラー）に由来するとされています。現在のチェコにあったヤーヒモフ銀山で鋳造（ちゅうぞう）されていました。

> イギリスから独立したアメリカがポンドに代わる通貨として「ヘラクレスの柱」が2本描かれた「ピラー・ダラー」を採用したからといわれる。

know(ノウ)や knife(ナイフ)の「k」、なぜ読まない？

Question 27

英語には、書いても発音されない「黙字」があります。例えば、know（ノウ）や knife（ナイフ）の k は黙字です。k を読まない単語には「膝」を示す knee（ニー）、「編む」という意味の knit（ニット）などがあります。

単語の末尾につく黙字もあります。櫛の comb（コウム）、登るの climb（クライム）、子羊の lamb（ラム）などの末尾の b も読みません。

k と b では、「k は後ろに n がつく」「b は前に m がつく」と発音しなくなります。実際に声に出してみると、k が後ろに続く n の発音に取り込まれてしまったり、「b をブ」と発音すると読みにくかったりします。だから、読まれなくなったのです。

ではなぜ、発音されない字が書いてあるのでしょうか。その理由は、単語の語源を辿っていくとわかってきます。

例えば、know は、もともとインド・ヨーロッパ祖語の gno（知る）を語源としています。gno はギリシャ語で「知識」を意味する gnosis（グノシス）の語源でもあります。そこから派生した古い英語の cnāwan が know の直接の語源ですが、cnāwan では冒頭の c を「ク」と発音していました。つまり、もともとは発音されていたのです。その後、c を k で書くようになり、発音されなくなった後も k が残っているのです。

knのk、mbのbは
発音しにくかったり、聞き取りにくくなる

なお、kやb以外にも黙字があります。writeのw、「しばしば」という頻度を示すoftenのtなどです。

これらも「発音しにくい」「聞こえにくくなってしまう」といった理由から読まれなくなった黙字です。

ただし、oftenのtは、最近になって、おもにアメリカ式英語で読まれることが増えてきているようです。

 knowの古い英語はcnāwanで、冒頭のcを「ク」と発音していたが、やがてcをkで書くようになり、発音されなくなった後も残ったから。

住所の表記、なぜ「番地」から書くの？

Question 28

アメリカに住んでいる友人に手紙や荷物を送るときなど、住所の表記の仕方に戸惑った経験がある人もいるでしょう。例えば、ハワイの友人にエアメールを送るときなど、

123*** Kalakaua Street Honolulu, Hawaii

と「番地→市区町村→州郡」の順番で書きます。住所の書き方が日本とは反対なのです。

じつは、海外では、このように番地から書くのが一般的で国際標準。「都道府県→市区町村→番地」と書くのは日本、中国、韓国くらいだそうです。

さて、なぜ番地から書くのでしょうか。これは英語における「空間の表現方法」が大きく関係しているといわれます。例えば、「(私の) 部屋の机の上に本があります」は、

There is a book on the desk in my room.

と表現します。話し手は、視点を本→机→(私の) 部屋と小さい点から大きな空間へと移しています。

ところが、日本語では、まず、「(私の) 部屋」というように大きな空間を表現し、次に机、本へと視点を移します。

こうした「空間の表現方法」の違いには、お国柄や人々の考え方が影響しているとも考えられています。住所では、「番

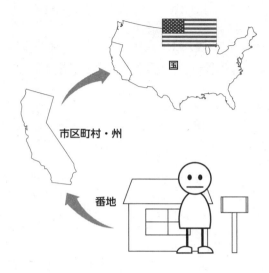

視点を自分に近い小さい点から移していく

地」こそが家の場所を特定する重要な数字。重要なものを「最初に示す」という考え方が背景にあるようです。

同じような意識は名刺（ビジネスカード）の書き方にも見て取れます。日本では「会社名→役職→氏名」ですが、英語では「氏名→役職→会社名」が一般的です。

 英語では「小さな点」から「大きな空間」へと視点を移すように表現するから。

アメリカ式は「May 10, 2025」、イギリス式は「10th May, 2025」、年月日の表記が違うのはなぜ？

Question 29

英語では、日付の書き方が日本と違うことに戸惑った人もいるでしょう。日本語では「2025年5月10日」と「年月日」ですが、英語ではこの順番が変わります。しかも「アメリカ式」と「イギリス式」でも違うのです。

アメリカ式は「May 10, 2025」で、イギリス式は「10th May, 2025」。イギリス式は「日月年」と小さい単位から順に大きくなります。これは、前項でも説明したように、英語が小さい点から大きな空間へと視点を移しながら表現するのと関係していると考えられます。

ところが、アメリカ式は最初に「月」、次に「日」、そして「年」です。なぜ、イギリス式と表記が違うのでしょうか。

一説には、アメリカの独立宣言の日付の表記と深く関係しているようです。アメリカ式日付で、

July 4, 1776

と記したら独立記念日。最も重要な記念日の1つですが、先に「4日」と書いてしまうと「何月の4日か」がすぐにわかりません。6月4日なら普通の日ですが、7月4日はアメリカ国民にとって「特別な日」になるからです。

アメリカ独立宣言には「July 4, 1776」と記載されています。そのことから、独立を勝ち取り、母国式の表記方法をあ

アメリカ式の日付表記では
July 4, 1776

イギリス式の日付表記では
4th July, 1776

アメリカが独立記念の月日を
重視しているから…？

えて変えて日付を記したことがわかります。「7月の」4日に独立したことを強調したとも考えられます。

この独立宣言での表記により、「何月か」を先に記す表記方法が定着し、現在まで続いているとも考えられているのです。

> 独立記念日が「7月の」4日と「月日年」の順番で記されたことで、その後のアメリカではこの表記が定着したとされる。

Question 30

Octoberの octoは8という意味なのに、なぜ10月になったの？

英語の1月から12月の呼び名には次のような由来があります。まずは1月〜8月までです。

- **1月 January** 物事の始まりと終わりを司る神・ヤヌス (Janus) から
- **2月 February** 罪滅ぼしの神・フェブルウス (Februus) を祀ったことから
- **3月 March** 農耕と戦いの神・マルス (Mars) から
- **4月 April** 花が開く季節で、ラテン語の aperīre (開く) が変化
- **5月 May** 豊穣の女神・マイア (Maia) から
- **6月 June** 結婚や出産を司る女神・ユノ (Juno) から
- **7月 July** ユリウス暦を導入したジュリアス・シーザー (Julius Caesar) を称えて
- **8月 August** うるう年を正したローマ帝国初代皇帝・アウグストゥス (Augustus) を称えて

9月以降は、September が「7番目の月」、October はタコをオクトパス (octopus＝8本の足) と言うように「8番目の月」、November が「9番目の月」、December が「10番目の月」です。実際の月と月名の由来が2カ月ずつずれています。この理由には諸説あります。

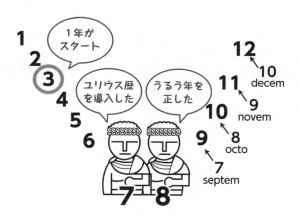

**古代ローマでは農耕が始まる3月が
1年の始まりだったから**

 有力なのは、古代ローマでは農耕が始まる3月を1年の始まりと考え、3月から数えて7番目だから September、8番目だから October という説です。

 なお、7月はもともと「5番目の月」を示す「Quintilis」でしたが、ユリウス暦を導入したジュリアス・シーザーを称えて July に、8月は「6番目の月」の「Sextilis」でしたが、うるう年を正したアウグストゥスを称えて「August」になったとされています。

> **Answer** 諸説あるが、古代ローマでは農耕が始まる3月が1年の始まりだったから。

英語の数字、ten thousand(1万)やone hundred million(1億)など1000や100万を単位にするのはなぜ？

Question 31

日本の人口は約1億2400万人です。これを英語ですぐに言えますか。

Japan has a population of about one hundred twenty-four million.

です。英語で表現するのが難しく感じるのは、億や万に該当する英語が、ぱっと思いつかないからでしょう。

億や万などの大きな数字を表現するとき、英語では1000を単位とした千進法を使います。1000を基準にして、1000倍ごとに単位を変えて表記していくのです。具体的には、1000は one thousand で、1万は ten thousand、10万は hundred thousand です。

千進法ですから1000が1000倍になると単位が million となり、100万は one million、1000万は ten million、1億は one hundred million です。

さらに100万が1000倍になると10億で billion、billion が1000倍になると1兆で trillion になります。

英語が千進法を使うのに対し、日本は万、億、兆と1万倍ごとに単位が変わる万進法です。こうした違いがあるので、1億2400万など大きい数字を英語にするのが難しく感じてしまうのです。

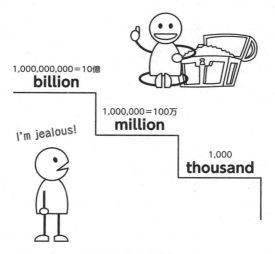

夢はビリオネア!?

ただし、日本でも例えば会社の決算資料などでは、1,000,000,000円というように、3桁ずつで区切ってカンマをつけます。

これは、数字表記がまだ漢字だった明治時代に、福沢諭吉が西洋の帳簿記入法とともに、1000を単位に3桁ごとにカンマで区切る表記法を導入したからとされています。

 英語では、thousand（1000）を基準に、千進法を採用しているから。

Question 32
runningは nを重ねるのに、なぜ listeningはnを重ねない？

英語では、動詞に ing をつけて名詞にすることがあります。例えば run（走る）に ing で running です。

run は最後の n を重ねて running としますが、listen（聴く）は、n を重ねずに listening です。なぜ、単語によって n を重ねたり重ねなかったりするのでしょうか？

理由は、running の重ねた n を取って発音してみるとわかります。おかしな綴りですが runing と書くと、発音は「ラニン（グ）」や「ルニン（グ）」に近くなるでしょうか。

ようは、もとの run という発音が崩れて、「何を意味する単語だったのか」がわかりにくくなってしまうからです。

こうした発音の崩れを防ぐために、ing のつけ方にはルールがあります。run は u を母音、n を子音とした「母音＋子音」という音節を1つだけ持つ「単音節」の単語です。単音節の単語で、母音の次に子音が1つだけ続く場合には子音の文字を重ねます。run や sit、swim、stop なども同じです。

一方、listening はもともとの listen の発音からは大きく崩れません。何を意味する単語だったのかわからなくなることもなく、n を重ねる必要がないのです。

ルールもあります。listen は、lis と ten と音節が2つ以上の複音節の単語です。複音節の単語ではアクセントの位置が前半の母音にある場合には、後に続く子音を重ねないとい

元の単語がわかるかどうかがポイント

う決まりがあります。listen は前半の lis の母音である i にアクセントがあるので、n を重ねないのです。

これが begin のように、複音節でもアクセントが語尾の gin の母音にある単語では、子音の n を重ねるのがルール。beginning となります。

 n を重ねないと発音が大きく崩れ、もともと「何を意味する単語」だったかわからなくなるから。

Question 33 「〜する人」の表現、runner（ランナー）はerで、pianist（ピアノ奏者）はist、どう使い分けているの？

　英語では、「〜をする人」の表現がいくつかあります。teacher（先生）や runner（ランナー）、designer（デザイナー）のように語尾に er をつけたものと、optimist（楽天家）、artist（芸術家）、pianist（ピアノ奏者）のように語尾に ist をつけたものです。その他にも、会社員など雇われている人を示す employee、定年などで退職（リタイア）した人を示す retiree など、語尾に ee をつけたものもあります。

　er はおもに動詞につくことで「〜する人」という意味になります。teach（教える）に er で teacher（先生）です。

　ist はおもに名詞につきます。optimism（楽観主義）に ist がついて optimist（楽天家）、art（芸術）に ist で artist（芸術家）です。ist は journalist（ジャーナリスト）のように信念や主義を持って取り組む人を示すときによく使われます。

　一方、ee は、「その行為をする人」について、「その行為を受ける人」という意味になります。employee は employ（雇う）について「雇われている人＝従業員」を示します。

　ちなみに、ee が使える単語には、基本的に er も使えます。interviewee（インタビューを受ける人）と interviewer（インタビューをする人）、examinee（審査を受ける人）と examiner（審査員）などです。

　さて、er はおもに動詞につくことから、swimmer（スイ

erは動詞に、istは名詞について「〜する人」に、eeは「〜される人」になる

マー）や boxer（ボクサー）などと使われます。ただし、野球は baseball player で、テニスは tennis player です。これは、baseball や tennis が競技名で動詞ではないからです。

また、ピアノ奏者は pianist ですが、ドラムやトランペットは、drummer（ドラマー）、trumpeter（トランペット奏者）と er がつきます。これは、drum が「太鼓を打つ」、trumpet が「ラッパを吹く」という動詞でもあるからです。

 er はおもに動詞につき、ist はおもに名詞について「〜する人」。ee は「〜される人」という意味になる。

sryやsup、IDKにASAP…。英語では略語がよく使われるのはなぜ？

Question 34

　海外のSNSなどを見ていると、sry、sup、IDKなどの略語を目にすることがあります。sry（srry）はsorryの略で「ごめんね」、supはWhat's up?で「元気、調子はどう？」、IDKはI don't knowで「わかりません」。他にもよく知られているのはASAPです。

I need it ASAP.（大至急でお願いします）

などと使います。ASAPは、as soon as possibleの頭文字を取った略語で、「できるだけ早く」です。

　こうした略語について、「スマートフォンの普及でよく使われるようになった」と説明されることもあるようです。

　理由の1つではありますが、アメリカでは1930年代、F・ルーズベルト大統領の時代から略語が広く使われていました。世界恐慌からの脱却を目指したニューディール政策で、テネシー川流域開発計画がTVA（Tennessee Valley Authority：テネシー川流域開発公社）により実施され、当時の新聞にはTVAの文字が何度も登場。頭文字をとって略語にする文化が定着したとされています。

　略語文化が定着していた上に、インターネットやスマートフォンの普及で人々が日々やり取りする情報量が増えました。そこで、簡略化できる言葉はできるだけ簡単にしようと、

さすがにそれは通じない…

略語が多く登場してきたといえるでしょう。
ちなみに以下の略語、わかりますか？

RSVP
BYOB

RSVP はフランス語の Répondez s'il vous plaît（お返事をお待ちします）の略、BYOB は、bring your own bottle (booze, beer) で、パーティーなどで「お酒は各自でご用意ください」という意味です。

 以前から使われていたが、ネットやスマホの普及で、より略語が使われるようになった。

Mr.とMr Mrs.とMrs ピリオドをつけたりつけなかったりするのはなぜ？

Question 35

　Mr. は mister の省略形で、Mrs. は女性に対する敬称 mistress の省略形です。

　英語では、原則として省略形には「.」(ピリオド)がつきます。ところが、英語の文章では、Mr や Mrs のようにピリオドをつけない表記も目にします。

　これは、アメリカ式英語とイギリス式英語の違いによるものです。アメリカ式英語では、省略形の後にピリオドをつけますが、イギリス式英語ではつけないのが原則です。

　ただし、Mr. と Mr や、Mrs. と Mrs については、そもそもピリオドをつけない表記が正しいと考えられます。

　というのも、ピリオドは、「後に続く文字が省略されている」ことを示す記号だからです。例えば、大学の professor (教授)なら Prof. で、Monday は Mon. です。ピリオドの後ろの文字を省略しています。

　ところが、Mr. も Mrs. も後ろに文字は続きません。Mr. は mister の最初と最後の文字の組み合わせで、Mrs. は mistress の最初と中と最後の文字をとっています。

　だから、正しくは Mr と Mrs なのですが、アメリカ式英語では、例えば doctor (医者)を Dr. とするように、単純に単語を短くしていることを示す場合にもピリオドを使うのです。

　ちなみに、未婚女性に使う Miss にはピリオドがつきませ

アメリカ式とイギリス式で表記が違う

ん。省略形でないと説明されることがありますが、もともとは Miss も女性の敬称だった mistress の省略形。本来ならピリオドがつきます。

これについては、Mrs. は「ミスィズ」と、綴りどおりに発音できないので、ピリオドで省略形であると示す必要があります。Miss は綴りどおりに発音できるので、ピリオドが使われなかったと考えられています。

> 原則としてアメリカ式英語ではピリオドがつき、イギリス式ではつかないため。Miss は省略形であると示す必要性が低いためピリオドをつけない。

ピリオドとカンマ、じつは使い方が複雑というのは本当？

Question 36

英語の文章でよく目にする「.」(ピリオド) と「,」(カンマ)。日本語の「。」(句点) と「、」(読点) と同じ役割をすると単純に思い込んではいませんか。ピリオドとカンマの本当の役割は、それだけではありません。

ピリオドは、前述のように後ろに続く文字が省略されていることを示します。例えば、minute(分) は min. です。ただし、この使い方は原則としてアメリカ式。イギリス式では、略語にピリオドを打ちません。

さらに、文中にこれらの略語を使うときには、ピリオドの後ろに半角スペース (アルファベットで1字分) を空けるのが決まりです。カンマについても同様。

カンマの使い方は少し複雑です。読点としての役割だけでなく、Taro, Jiro, Hanako, and Akiko. のように3つ以上の項目を並べて書くときに使います。その他にも、

It sounds nice, but that's almost impossible.(いいお話ですが、ほぼ不可能でしょう)

と、but や or などの接続詞で主語が異なる文章をつなぐときに「接続詞の前に」カンマを打ちます。もう1つ、

We put up brave fight, however, we lost there.(健闘したが、負けてしまった)

カンマにはさまざまな役割がある

のように、接続副詞の however（しかしながら）や therefore（だから）などを使うときに「接続副詞の後ろ」にカンマを打つのが決まりです。さらに、

After all, he went away.（結局、彼は去って行った）

と、カンマの後ろに結論を書き、「ここから本題に入る」ことを示すときにも使います。

 ピリオドは文の終わりや文字の省略を示す。カンマは3つ以上の項目を並べる、主語が異なる文章をつなぐ、接続副詞を使うときなどに打つ。

Question 37

アポストロフィ(')は何の記号？

　ピリオドやカンマ、コロンやセミコロンと合わせて、英語には文字の右上につく点、「'」があります。このアポストロフィには、おもに2つの役割があります。

　1つは、文字が省略されていることを示す役割です。

　例えば、I am を I'm、I will を I'll、do not を don't などと表記します。時刻を示すときに使う o'clock は、of the clock の省略形です。

　この of には by の意味があり、two o'clock は、two by the clcok、つまり「(時を正しく示す) 時計によると2時ちょうど」という意味合いです。

　その他にも because 〜 と理由を示す文章を書く場合に「'cause」と書いて、because を省略していることを示したり、international を「int'l」、政府を意味する government を「gov't」と略したりします。

　アポストロフィにはもう1つ、「所有」を示す役割があります。Jane's pen のように所有している人の名前の後に 's をつけることで、「〜の」と所有を示します。

　これは、古い英語の名残です。古い英語では、名詞の語尾に s や es をつけて、その名詞の所有であることを示していました。現在の英語で「家の窓」を house's window とするのはおかしな表現ですが、古い英語ではそう言っていたの

おもに2つの役割がある

です。

現在の英語でも「あなたのもの」が yours、「彼のもの」が his、「彼女のもの」が hers であるのは、その影響とされています。

なお、現在の英語では、所有している主体が girls のように複数なら語尾のsを重ねずに girls' books と記します。所有している主体が複数でも children のようにsがつかない場合は、children's books と 's をつけます。

  アポストロフィはおもに「文字の省略」と「所有」を示す。

「?」が疑問を示す記号になったのはどうして？

Question 38

日本語で疑問文を作るときは、文末に「か」をつけるのが一般的です。

朝ご飯を食べました。

朝ご飯を食べましたか。

と、「食べました」までは同じなので、最後まで読まないと疑問文かどうかはわかりません。

一方、英語では、Have you had breakfast yet? など文末に「?」がつきます。この「?」が疑問を示す記号になったのには、諸説あります。

ひとつは、英語に多大な影響を与えたラテン語で、質問を意味する quaestio という単語に由来するという説です。

quaestio は英語の question の語源となった単語です。当時、この quaestio を略して QO（もしくは qo）と記す習慣があり、やがて、q の下に o をつけ、o を黒丸の点にしたのが、「?」という記号になったと考えられています。

他にも、ギリシャ語に起源があるという説もあります。ギリシャ語では、疑問文の最後に；(セミコロン) をつけます。このセミコロンの上の点と下のカンマを入れ換えた記号が「?」に変化したともされています。

ところで、英語、フランス語、ドイツ語などでは「?」を文末につけますが、スペイン語は文頭と文末の両方につける

ラテン語で質問を意味する単語

QO(qo)

↓

縦に並べて

q
o

I got it.

↓

?

ラテン語のqoから、という説が有力

独特の使い方をします。しかも、文頭には「?」を逆さまにして少し下にずらし、「¿」というようにつけます。

これは、18世紀に、長い疑問文では、最初から疑問文であることがわかるように、文頭に「¿」をつけるという決まりができたからです。

> ラテン語で質問を意味する quaestio が、qo に略され、qとoを縦に並べて「?」となったという説が有力。

Chapter 3 その表記のなぜ?

Column 3

不思議な記号、「:」(コロン)や「;」(セミコロン)にも意味がある!

アポストロフィやクエスチョンマークなど、英語には記号が多く使われます。しかも、それぞれの記号には意味があり、使い方も決まっています。コロン「:」もそのひとつ。コロンのおもな働きは、次の通りです。

【例を示す】
We need three things: milk, bread, and money. (必要なものは3つ。ミルク、パン、そしてお金だ)

【詳細を説明する】
I can drink: I'm 22 years old. (お酒、飲めますよ。22歳ですから)

【引用する】
My mother told me only one thing: "Never give up! You can do it!" (母は私にたった1つのことを言った。あきらめるな、必ずできる、と)

コロンの前は「主語と述語」の完全な文章になります。
一方、セミコロンは、多くの場合、カンマ「,」を使って例を示すときの区切りに使います。

【表現の区切りを示す】
There were a lot of children from Tokyo, Japan; Seoul, Korea; Shanghai, China. (日本の東京、韓国のソウル、中国の上海から多くの子どもたちが来た)

Chapter 4

日本人が混同しやすい!?
その違いは何?

willとbe going toは、どこがどう違うの？

Question 39

英語の授業で、未来形には will と be going to があると習ったと思います。しかも、両方ともほぼ同じ意味なので「will を be going to に書き換える」問題を解いたことがある人も多いでしょう。ところが実際は、will と be going to では、同じ未来の予定を示す表現でも、意味合いが違うのです。

will は「とっさに思いついた意志・意思」で「〜するつもり」と示すときに適した表現で、意味合いを示すキーワードは「意志・意思」です。

一方、be going to は、going が使われているように、「すでに予定を立てていて、今、それに向かって進んでいる状態」を示します。意味合いを示すキーワードは「予定・計画」です。

例えば、部屋を散らかしていて母親から、Clean up your room!（部屋を片付けなさいよ！）と注意されたとき、

Yes, I will!

なら「わかった、やるよ！」という意思表示です。

I am going to do it tomorrow.

なら「明日やるよ」と、予定を立てているニュアンスです。

ただし、言葉は生きています。例えば、約束の時間に遅れるとき、遅れることを計画しているケースは少ないので、

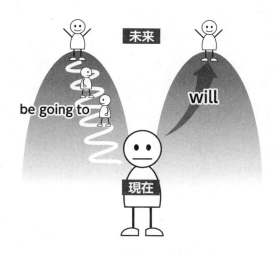

be going toのほうが計画性がある

I will be late.

がこれまでの表現でした。それが、今では、

I'm going to be late.

でもおかしくないとされています。be going to は、単純に未来を示す表現として定着してきているのです。

> will は「とっさに思いついた」意思を込めた「〜するつもり」、be going to は「予定・計画」に向かっている状態が基本。

Let's～、Shall we～?、Why don't we～? 誘い文句のニュアンスの違いは？

Question 40

友人や知人をランチに誘うとき、次の3つはニュアンスが少しずつ異なります。

Let's have lunch.
Shall we go for lunch?
Why don't we go for lunch?

Let's have lunch は「お昼、食べよう」というカジュアルな表現です。

Let's は、Let us の略です。Let には、「(物事の流れに逆らわずに) そうあることを許す」といった意味合いがあります。自然な流れの中で「私たちが～することを許しましょう (認めましょう)」という意味合いです。そこから、「一緒に～しましょう」という誘いの表現として使います。

Shall we go for lunch? は、少し堅いイメージですが、丁寧な表現です。shall にはもともと義務や、神の意志にもとづく運命といったニュアンスが含まれます。そこで、「～するのは私たちの義務 (運命) といえるのではないでしょうか」と相手を敬い、誘う表現になります。

映画のタイトルにもなった Shall we dance? は、もともとは宮廷の舞踏会で男性が女性をダンスに誘う際、「私たちが踊るのは神の思し召しではないでしょうか」といった意味

Shall we〜?にはもともと
義務や運命、神の意志のニュアンスが含まれている!?

合いで使った表現とされています。

そのため、Shall we 〜?の表現は、日常会話ではあまり使われないようです。

Why don't we go for lunch? は、直訳すると「なぜ私たちはランチに行かないのでしょうか」です。反語的に「ぜひ一緒に行きませんか」という提案のニュアンスを含んだ表現になります。Shall we 〜? より丁寧な表現になります。

 Let's 〜 はカジュアルな表現、Shall we 〜?は相手を立てつつ誘う表現、Why don't we 〜?は相手への提案を含み、より丁寧な表現。

mustとhave to じつは意味が違うって本当？

Question 41

must を have to に書き換える問題も解いたことがあるかもしれません。どちらも「～しなければならない」という意味があるのは同じですが、これも微妙な違いがあります。

must には話し手の意志や主観、信念が含まれ、「ぜひとも～しなければならない」という強いニュアンスになります。

一方、have to は、周囲の状況や事情から「～せざるを得ない」「～したほうがよい」という意味合いです。

I must go there next week.（来週、あそこに行かなくてはならない）
I have to go there next week.（来週、あそこに行かざるを得ないな）

と、must のほうが、強制力が強いのです。そのため、

You must go there next week.

と、must を相手に向かって使うと、「来週、必ずあそこに行くように」と、命令の意味合いが強くなります。

また、must と have to を否定文で使うと、

You must not go there.（あそこに行ってはいけない）
You don't have to go there.（あそこに行く必要はない）

must のほうが強制力が強い

と意味が全く異なってきます。

must not の not は、go にかかる「語否定」。直訳すると「ぜひとも『行かないこと』をしなければならない」となり、そこから「(絶対に) 行ってはいけない」という命令のニュアンスを含んだ表現になります。

一方、don't have to は、You have to go there. を否定する「文否定」です。「行かざるを得ないということはない」、つまり「行く必要はない」となります。

> **Answer** must は話し手の主観、信念を含み、have to よりも強制力が強い。

「そのとおりだ」というときはThat's right. なぜIt's right.とは言わないの？

Question 42

英語を習い始めた頃、this は「これ」、that は「あれ」、it は「それ」と覚えませんでしたか。いずれも同じ代名詞の仲間と思ってしまいますが違います。this と that は「指示代名詞」ですが、it は「人称代名詞」です。

人称代名詞とは、自分（一人称）を I、あなた（二人称）を you、彼・彼女（三人称）を he や she とする代名詞のグループです。このグループの中で、三人称単数で「人以外のもの」を示すのが it です。人称代名詞なので、I が「I・my・me・mine」と変化するように「it・its・it」と変化します。指示代名詞の this や that は変化しません。

グループが違うので文中での役割も違います。例えば、

What he said is incorrect.（彼が言ったことは間違いだわ）

に対して、次の２つの返事は意味が全く異なります。

That's right.（そのとおりだ）→彼は間違っている
It's right.（彼が言ったことは正しいよ）

that が What he said is incorrect. という文章全体を示すのに対し、it は「彼が言ったこと」を指し、それが正しいという意味になります。it が、三人称単数で（発言や文章の

意味が正反対になる

全体ではなく)「人以外のもの」を示すからです。そのため、That's right を使うのです。

なお、「そのとおり」には of course もあり、当たり前で「言うまでもないこと」というニュアンスです。さらに、当たり前のことを「うっかり忘れていた」というときにも、That's right と組み合わせて、Oh, of course! That's right. (うっかりしていました、そうでしたね)などと使います。

it は「もの」を、that は発言内容や文章などの「全体」を指す。そのため It's right. だと発言内容全体が正しいと示せないことがあるから。

maybe、perhaps、probably、possiblyではどのくらい確率が違ってくる？

Question 43

日本語の「たぶん〜だろう」にあたる言葉は、maybe、perhaps、probably、possibly (possible) などがあります。それぞれの単語で「たぶん」といったときの実現可能性、確実性が異なります。

まず、「たぶん」の意味合いで一般的に使われるのが perhaps で、会話よりも書き言葉としてよく使われます。実現可能性、確実性は決して高くはなく 50％程度。「可能性は半々」のときに使うのが適切です。ちなみに perhaps の本来の意味合いは「確信のなさ」です。

maybe は、日本人にもっとも馴染みのある「たぶん」かもしれません。これも、確実性は決して高くありません。perhaps と同程度か、やや低く、30〜50％程度。perhaps よりもカジュアルで、会話の中でよく使われます。

possibly (possible) は、確実性がもっと低く、20〜30％程度。本来の意味合いとしては、「理論上は起こり得るが、その可能性はかなり低い」といったところです。

It's possible that she will come to the party.

といえば、「彼女はパーティーに来るかもしれない」と訳すでしょうが、可能性は 20〜30％。「彼女はたぶん、来ないよ」としたほうが正しいニュアンスになります。

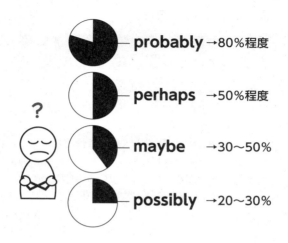

可能性に差がある

一方、probably の確実は 80％程度と高いです。「ほぼ」、あるいは「十中八九は」などの意味合いを持ちます。

I'll probably be late for dinner tonight.（今夜のディナーに、たぶん遅れる）

は、大切な今夜のディナーにほぼ確実に遅れることが明らかになっているときに使います。

> 確実性が 80％程度なら probably、半々なら perhaps、30～50％なら maybe、20～30％なら possibly を使うのが適切。

Question 44
always、usually、frequently、occasionallyではどのくらい頻度が違ってくる？

頻度を示す副詞で英語でよく使うのは、always、usually、often、sometimes の4つでしょう。

always は「いつも」なので特別の事情がない限り、ほぼ100％です。We always have lunch at the restaurant. と言えば、毎日、その店でお昼を食べているのです。

usually は、「たいてい」なので80％程度の頻度。1週間に5～6日くらいのイメージです。often は「しばしば」や「頻繁に」ですが、usually よりも頻度が低く、60％程度とされています。「ときどき」の sometimes はもっとも頻度が低く、50％前後といったイメージです。

さて、頻度を示す副詞では、他にも frequently や occasionally があります。

frequently は、「しばしば」の often とほぼ同じ頻度ですが、often より堅い表現で、「比較的短い期間」に「ある一定の場所での反復」を表現するときに使います。

He was frequently late for school.

では、学校という同じ（一定の）場所に行くのに遅刻が繰り返されるので、frequently が適切です。

一方、often は、異なる場面で、物ごとが頻繁に起こるときに使います。

頻度に差がある

He often comes late.（彼はよく遅刻する）

は、これまでに彼がさまざまな待ち合わせに遅れたことを示しています。

occasionally は、20%程度とかなり低めです。occasionally の cas には、「たまたま落ちてくる」といったニュアンスがあります。very occasionally とすれば「めったに〜ない」と否定の意味になります。

always は「いつも」で頻度はほぼ100%、usually は「たいてい」で80%、often と frequently は「しばしば」で60%程度。

Question 45
「人に会う」はmeetかseeか、使い分けはどうなっているの？

meet も see も人に「会う」という意味で使います。次のフレーズはどちらも、海外の刑事ドラマに出てきたセリフ。meet と see をどのように使い分けているのでしょうか。

Can you meet me?

「会ってもらえませんか？」という意味ですが、ドラマでは「目撃者を名乗る人物」、つまり「初めて会う人」に向けたセリフでした。meet には、「初めて会う」や「日時を決めて会う」という意味合いがあるのです。

Can I see you for a moment?

「ちょっとだけ会って話せないか？」という意味ですが、こちらは同僚の刑事に向けたセリフでした。see には「すでに何回か会ったことがある人に会う」というニュアンスが含まれているのです。

meet は初対面、see はすでに会ったことのある人に会うという意味合いの違いを理解すると、Nice to meet you. と Nice to see you. の違いも理解できます。

初対面の挨拶なら必ず meet です。see を使うと、相手から Have we met before?（以前にお会いしたことありましたっけ？）と聞かれることになるかもしれません。

**meet は初対面、
see はすでに会ったことのある人**

　ちなみに、「また会いましょう」を See you again. と言ってしまうと、「これでお別れですね」「しばらくお会いできません」となります。See you. が適切です。「じゃあ、またね」と軽く言うなら See you soon. です。

　もう1つ、seeing となるとどんな意味だと思いますか。Are you seeing anyone? で「つき合っている人、いる？」という決まり文句になります。see が「会う」から「つき合う」になるのです。

 初対面または日時を特定して会う場合は meet、すでに何回か会っている場合は see を使う。

「話す」を意味する単語、talk、speak、say、tellといくつもあるのはなぜ？ Question 46

英語では、単語の使い分けに悩むことがあります。talk、speak、say、tell は、いずれもニュアンスが異なります。

talk は「相手に向かって」話す、という意味合いです。

I'll talk to my boss.（上司と相談してみます）

などと使います。Stop talking.（おしゃべりをやめなさい）など、話す内容をあまり重視しない表現です。

speak は、内容のある話のときに使います。相手がいるとは限らず、演説するイメージです。She speaks English.（彼女は英語を話せます）と言語能力に関する表現でも使います。

say は、「内容のあること」を「言う」意味合いです。I should say I'm sorry.（私は謝るべきです）など、相手がいるかいないかより、話す内容に焦点があたります。

ただし、say の使い方はさまざまです。

People say it's going to be a hot summer.（暑い夏になりそうだ）
Her e-mail says she'll be 15 minutes late.（メールでは、彼女、15 分遅れるって）
That sign says "closed".（看板に closed と書いてある）

など、伝聞表現や、文書・看板などに「～と書いてある」

同じ「話す」でもニュアンスが違う

という表現もできます。

また、日本人が間違えがちなのが、「部屋を掃除しろと言われた」という場合。I was said to clean up my room. とは言いません。say を受け身形で使うと「(一般的に)〜と言われている」という伝聞表現になってしまうからです。I was told to clean up my room. と表現します。

tell は、「内容のあること」を相手に伝えるとき。Tell me the truth!(本当のことを言って!)などとも使います。

 「話す」「言う」「伝える」などニュアンスの違いがあるから。say は、メールや看板に「〜と書いてある」「〜だそうだ」と表現するときにも使う。

This is very big.と This is too big.では、意味がどう違ってくるの？

Question 47

オフィスに置かれた大きな段ボールの荷物を目にして、

This is very big.
This is too big.

と言うのでは、意味合いが違います。This is very big. は「とても大きい」と客観的な事実を伝えています。話し手の気持ち、感情など主観が入りません。つまり、オフィスの段ボールは、誰が見ても大きいのです。

This is too big. は「大きすぎる」「あまりにも大きい」といった意味合い。話し手の気持ち、感情などの主観が入った表現です。他人からすれば、オフィスの段ボールは、「いや、それほど大きくないよ」となるかもしれません。

very と too の違いはそれだけではありません。This is too big. には、大きいことでマイナスな状況が起きてしまっていることや、大きいことを話し手が否定的に捉えているニュアンスが含まれています。例えば、

This is too big to lift.（大きすぎて持ち上げられない）

というように使います。

この構文のポイントは、肯定文でも否定の意味になることです。

客観的に見ているか？ 否定的に見ているか？

「とても」や「非常に」を表す副詞には、もう1つ so があります。very が客観的な表現で、フォーマルな場面で使われることが多いのに対し、so はカジュアル。日常的な会話でよく使われます。

例えば、仲間から誕生日プレゼントをもらって「すごくうれしい」と伝えたいとき、I'm very happy. より I'm so happy. がしっくりきます。

> very も too も「とても」や「非常に」という意味だが、too には「あまりに~」「~すぎる」という否定的なニュアンスが含まれる。

Question 48
agoとbeforeは、同じ「過去」でも何がどう違うの？

ago は「以前に」という意味の副詞です。「現在を起点にした以前のある時点」を表現するときに使います。

The earthquake happened two years ago.（その地震は今から2年前に起きました）

と過去形の文章で使います。

一方、before は、ago のように「現在を起点に」という限定がありません。過去や未来を含めた「ある時点を起点に」して「その時点より前」を示すときに使います。

I moved here two years before the earthquake happened.（地震が起きた2年前に引っ越してきました）

これは、地震が起きた「過去の時点から2年前」を示しています。過去が起点なので、ago は使えません。

I think I have met you before somewhere.（以前にどこかで会ったことがあると思います）

この文では、話している時点、つまり「現在を起点」にしているので ago が使えると思うかもしれません。ですが、「漠然とした以前」という「期間」を示しています。「現在を起点にした以前のある時点」を示す ago は使えません。

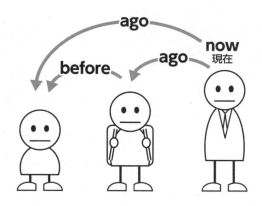

現在を起点にするのが ago、
ある時点を起点にするのが before

We will be there five minutes before.（5分前に着く
ようにしましょう）

これは、決められた時間を起点に、「それよりも前に」と
いう意味です。before は、未来のことにも使えるのです。

> ago は「現在を起点にした以前のある時点」、
> before は「ある時点を起点にして、それより前」の
> 時点や期間を示し、未来にも使える。

何かを借りたいとき、useとborrowの使い分けは？

Question 49

　英語で「ちょっと、ペン、貸して？」など、とっさのひと言が出てくるようになると、日常会話の幅がぐっと広がります。何かを借りるときの表現には、Can I use ～？や May I borrow ～？などがあります。use と borrow は、どちらも「無料で借りる」ときに使える言葉です。
　use には、もともと「使う」という意味があります。

Can I use your car?

　なら「あなたの車、使っていい？」となって、「車、借りていい？」という意味合いです。
　一方、borrow は、ズバリ「借りる」の意味です。

May I borrow your pen?

　は、「ペンを借りてもいい？」です。
　ただし、borrow には注意が必要です。まず、借りられるのは、「動かせるモノ」で「返す」のが前提です。そのため、borrow を使ってしまうとヘンな言い方になってしまうものもあります。代表的なものが bathroom ＝トイレ・お手洗い。トイレは動かせないし、借りて返すものでもありません。「使わせてほしい」という意味なので、

使い終わったら返して

May I use the bathroom?

と表現します。

また、borrow には「後で返すから、ちょっとの間、借りてもいい？」というニュアンスがあります。May I borrow your pen? に Yes と答えてしまうと、「後で返すね」とペンを持って行かれてしまうかもしれません。

ところで、use も borrow も「無料で」借りるときの表現です。お金を払って借りる際は、おもに rent を使います。

 borrow は動かせるモノを返すことを前提で借りるとき。ちょっと借りて使うときには use が適切。

何かを貸すとき、rent、lease、lend、loanの使い分けは？

Question 50

　他人に「何かを貸す」ときの表現では、rent、lease、lend、loan の 4 つの単語をよく使います。ややこしいのは、rent と lease は「貸す」と「借りる」の両方の意味を持つところ。lend と loan は「貸す」という意味です。

　これらを区別するポイントは、「お金をもらうかどうか」です。

　まず、rent と lease は、お金をもらって貸すときに使います。rent は通常、短期間、有料で貸すときに使います。アパートの契約にも rent が使われ、家賃も rent です。

I rented the house to him at a hundred dollars a month.（私は彼にその家を月 100 ドルで貸した）

　lease は、ある程度長い期間を決め、契約して有料で貸すという意味合いです。

　一方、lend と loan は、無料で貸すときに使います。

　日本語では、住宅ローンや教育ローンのイメージから loan といえば貸し付けや融資を思い浮かべます。利息が発生することから、loan も「お金をもらって貸す」と思いがちですが、動詞で loan を使うときには無料で貸すという意味になります。a loan と可算名詞で使うときは、貸し付けや融資という意味で、利息がつく場合など有償でも無償でも使えます。

有料で貸してくれる人

無料で貸してくれる人

なお、loan は lend のフォーマルな表現といえます。

I lent her some money.
I loaned her some money.

どちらも「彼女に少しお金を貸しました」という意味ですが、loan のほうが lend よりフォーマルです。

> rent は短期間、lease は長期間、お金をもらって貸すときに使う。lend は無料で貸すときに使い、loan の動詞は lend のフォーマルな表現。

「うまくいくといいな」と望むのはwishではなくhopeなのはどうして？

Question 51

夢や願い事、現実には叶いそうもないことを望むとき、wish で表現します。

Keep on believing, the dream that you wish will come true. (信じ続けて! 夢は叶うわ)

などと使います。

I wish I could afford a new car. (新車を買えたらなぁ)

では、「現実には買えないけど」という、少々不満な気持ちすら含んでいます。wish は「実現可能性が低い」ことを望むので、通常は仮定法過去で使われます。

もう1つ、wish には単純に「望む」という意味もあります。want の上品な表現で、「wish＋人〜」で「人が〜であること」を「望む」となります。

We wish you a merry Christmas.

は、「あなたにとって、よいクリスマスでありますように」と望むという意味です。

一方、hope は、実現可能なことを望むときに使います。例えば、ダンスの発表会などで「うまくいくように」と願うのは、実現可能性があります。ですから、

現実的に難しいか? 実現可能性があるか?

I hope it works out well. (うまくいくといいな)

と表現できます。hope の後は it will work out well. と未来形にもできますが、例文のように現在形にすると「確定的な未来」として、話し手がその未来を願っていることが強調されます。

>
> wish は「現実には難しいこと」を、hope は「実現可能性があること」を望む。

"～arrive in Japan"はOKでも、"～arrive at Japan"はダメなのはなぜ？ Question 52

普段の会話で「夕方には東京に着くよ」と言われたら、どこに着くと思いますか。東京駅あたりか、広い東京のどこかなのか、明確ではありません。

英語で到着するという表現を使うときには、着く場所が「スポット」なのか「エリア」なのかにこだわります。例えば、

I arrived at Tokyo Station.
I arrived in Tokyo.

というように、東京駅というスポットならatを、東京というエリアならinというように使い分けるのです。

もし、arrive at Tokyoとしてしまうと、東京をスポット、「狭い点」として捉えていることになり、おかしな表現になってしまいます。arrive in Tokyoが適切です。

ちなみに、場所ではなく、到着する時刻を表すにはatを使います。

He will arrive at 10:06.（彼は10時6分に着きます）

また、例えばネット通販で買った商品が自宅に届く曜日を示すときはinでもatでもなくonです。

It will arrive on Tuesday.（火曜日に到着します）

この場合は arrive at で OK !

　日本語では、全て「〜に」で表現できます。ところが、英語では arrive に続く前置詞を、スポットかエリアか、時刻か曜日かによって細かく区別しているのです。

arrive at はスポットに、arrive in はエリアに着くことを示すから。

Column 4

うっかり使うと
おかしな意味になる和製英語

　この章では、同じ意味合いに思えても、ニュアンスが違う言葉を紹介しました。他にも、意味を正しく理解すると、日本人が本来とは違う意味で使っている英語が数多くあります。和製英語です。

　例えば、「テンション、高いね」のhigh-tensionという言葉。パーティーではしゃいでいる彼女を見ても、

She was high-tension.

とは決して言いません。これでは、彼女が誰かと一触即発の「緊迫状態」にあったかのようです。

She was so excited.（彼女は気分が高揚していたね）

でOKです。また、日本語で「いい雰囲気」「ムードがある」といったときのムーディー（moody）も、

Why are you so moody?

は「なんてムーディーなの」ではなく、「どうしてそんなに気まぐれなの」と責めているニュアンスになります。

　他にも応援の掛け声のfight!（ファイト）は「やっちまえ！」で、ミスした仲間を励ますのには決して使いません。naive（ナイーブ）は繊細ではなく「幼稚な、稚拙な」という意味で、繊細な心はsensitiveです。

Chapter 5

単数・複数、冠詞、時制…etc.
英語ならではのなぜ？

Question 53 「〜してね」と念押しするとき、"〜, will you?"や"〜, won't you?"と未来形にするのはなぜ？

　英会話で付加疑問文がすっと出てくるようになれば、英語熟練者といえるでしょう。付加疑問文とは、文章が完結した後に続けて、「その内容を確認する」短い疑問文です。いわば、「念押しのための一文」が付加疑問文です。

You have a cold, don't you?（風邪をひいたのね、そうでしょう？）

などと使います。念押しをしていますが、Do you have a cold?（風邪をひいたの？）とストレートに尋ねるよりも、じつはやわらかい印象になります。

　さて、この付加疑問文ですが、相手に何かを依頼する文章や命令文に使うときには、必ず未来形になります。

Open the window, will you [won't you]?

　「窓をあけてくれる？ お願い」という意味ですが、will you? もしくは won't you? と未来形です。理由は、「窓を開けてくれる」という依頼を受けてから、開けるか開けないか、相手が行動を起こすのが「常に未来」だからです。

　will you? と won't you? と2種類の言い方があるのも、相手が「やる意志（will）」を持つのか、「やらない意志（won't）」を持つのか、話をしている時点では不明だからです。

常に未来のことだから、未来形で念押しする

命令文の付加疑問文では will you? でも won't you? でもかまいません。ただし、もともとの文が否定形のときには、

Do not open the window, will you?（窓を開けないで！ お願いね）

と必ず will になります。

 命令の意味合いを持つ「〜してね」に対して「するかしないか」は必ず未来のことだから。

"If I were a bird, ～" なぜ仮定法は過去形なのか?

Question 54

「もし私が鳥だったら、あなたのもとに飛んでいくのに」を英語にすると、

If I were a bird, I would fly to you.

仮定法の例文として丸暗記した人も多いでしょう。この英文には疑問に感じることが2つあります。

まずは「あなたのもとに飛んでいくのに」と、現在の気持ちを伝えているのになぜ、「過去形」なのか。

もう1つは、過去形にするのであれば、If I was a bird のはずなのに、なぜ If I were a bird と be 動詞を were にするのか。

現在なのに過去形を使う理由は、英語の過去形が持つ本来の意味合いを考えるとわかります。英語の過去形は「距離感」を示すことは前述しました。

仮定法では、「現実と実現しない願望との距離感」を示すために、時制を現在から過去にずらしているのです。

また、英語における時間の概念にも答えのヒントがあります。時間を現在・過去・未来で考えると、「実現されない非現実的なこと」は、現在でも未来でも起こらず、「すべて過去に属する」という考え方です。日本語でも「もし私が鳥だったら」と過去形で表現するのは、同じ考え方とされています。

You are also
a bird!
あなたも鳥です！

If I were a bird,
I would fly
to you.

「現実との距離感」を表している

　では、なぜ主語が I なのに were を使うのでしょうか。

　これは、古い英語では、仮定法において主語が I、もしくは he や she など三人称単数のときに were を使うというルールだったからです。

　was を使うべきところが were に変わったのではなく、もともと were だったのがそのまま残っているのです。

 現実と実現されない願望との距離感を表現するため、あえて時制を過去にずらしているから。

「〜したほうがよい」のhad better〜は、なぜ過去形なのか？

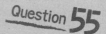

Question 55

天気予報では夕方から雨。「傘、持って行ったほうがいいよ」と言うとき、英語では、had better 〜 を使って、

You'd better take an umbrella.

と習った人も多いでしょう。ところが、had better 〜 は「〜しないとダメだぞ」というくらい強い意味です。「いいな、傘、持って行けよ」といったニュアンスです。

さて、上記の例文は「現在」のことを話しています。天気予報を聞いて、雨が降りそうだと知り、出かけようとしている「あなた」に向かって話しかけた言葉です。それなのに、なぜ had better 〜 と過去形なのでしょう。

理由は、仮定法過去だからです。これまで説明してきたとおり、英語の過去形は「距離感」を示します。現在と過去の「時間的な距離感」だけでなく、「人間的な距離感」、そして「現実と実現できない願望との距離感」です。

仮定法では、現実と実現しない願望との距離感を示すために、時制を現在から過去にずらしています。had better 〜 という表現も同様です。「もしできるのなら、傘を持って行くという状態」を「(できるかどうかわからないけど) 持った(had)ほうがよい」と表現しています。だから過去形なのです。

さて、had better 〜 という表現は、実際にはかなり強い

「現実と願望の距離感」を表しているが、
ニュアンスとしてはかなり強い表現

表現ということは先に説明しました。冒頭の例文で「傘、持って行ったほうがいいよ」と、やわらかめな意味合いでの忠告や助言を英語でするなら、

You should take an umbrella.

と、「したほうがよい」でしょう。

 had better 〜 は仮定法過去で、「もしできるなら、〜という状態を持ったほうがよい」という意味合いを示しているから。

Question 56
had toは「〜しなければならなかった」だけど、「だから、やった」の？「でも、やらなかった」の？

　Question41 で、must と have to の違いについて説明しました。そこでは触れませんでしたが、must と have to の過去形には had to を使うのが一般的です。

　さて、had to は「〜しなければならなかった」という意味です。それはわかるのですが、「だから、やった」のか「でも、やらなかった」のか、どちらでしょう。

　そもそも、have to が「〜しなければならない」という意味になるのは、to の後ろに続く動詞が示す行為を「すべき状態」で「持っている」からです。

　つまり、「やるべきことを持っている」ということ。I have to go there. なら、「あそこに行くべき」状態を「持っている」、だから「行かなくてはならない」という意味になるのです。

　そう考えると、had to では to 以下の動詞が示す「やるべきこと」を「持った」ということ。そして、「実行した」かたちで「持った」という意味合いが含まれます。

　I had to go there.（私はあそこに行かなくてはならなかった）

　なら、行くべき状態だったので「行った」ということ。had to を使った文章では、やるべきことはきちんと「実行されている」のです。

行くべきところに「実際に行った」

とはいえ、現実的には「〜しなくてはならなかった。でも、やらなかった」という状況も起こります。その場合には、

I had to go there, but I didn't.（あそこに行かなくてはならなかったが、行かなかった）

と、意味を明確にすることもあります。

 had to を使った表現では、to 以下の「やるべきこと」はきちんと実行されている。

Question 57 canの過去形はcould、willはwould、助動詞にも過去形があるのに、なぜmustだけは過去形がない？

英語では、助動詞を過去形にすることで「現実と実現できない願望との距離感」を示しています。

ところが、「～しなければならない」というmustには過去形がありません。canはcould、willはwould、shallはshould、mayはmightと過去形があるのに、mustだけはないのです。「～しなければならなかった」にはhad toを使います。なぜ、mustに過去形がないのでしょうか。

理由は、mustが「すでに過去形だから」です。それでは現在形は？ 現在形はなくなってしまったのです。

そのことは、mustの語源を探っていくとわかります。古い英語では、mustの語源にあたるmosteがよく使われていました。このmosteは、motanの過去形です。

motanという現在形があったのですが、いつの間にか過去形のmosteが現在形でも使われるようになったのです。

motanやmosteには「もしそうしなければ、許さない」というくらいの強い意味があることから、距離感を示す過去形にして、丁寧で穏やかな表現にしたとされています。

それが現在まで残って、過去形のmosteから生まれた（もともと過去形の）mustが使われているのです。

じつは、canやwill、shall、mayなどの助動詞も、mustと同様、もともとは古い英語で使われていた「助動詞の過去

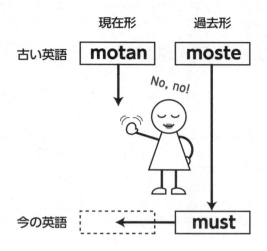

もともと過去形の must が
現在形として使われている

形」でした。それが、can には could、will には would という「新しい過去形」が割り当てられました。

must には新しい過去形は割り当てられず、もともと過去形だった must が現在形として使われているのです。

must の語源の moste は motan の過去形。つまり、過去形がないのではなく、motan という現在形が使われなくなった。

茶色い瞳はbrown eyed、左利きはleft handed、なぜ過去分詞なの？ Question 58

「彼女の持ち前の明るさは親譲りだ」などと言うことがあります。人の性質や性格、才能、能力などを表現するとき、英語ではおもに語尾に ed をつけた形容詞を使います。「名詞＋ ed」の疑似分詞で「〜の特徴を持つ」と表現したり、動詞の過去分詞で生まれながらの性質や才能を「与えられた」と受け身形で示したりするのです。

例えば、才能の豊かな人は、a talented person です。この talented を過去分詞と誤解し、「才能を与えられた人」という説明も目にしますが、talent は動詞ではないので talented は過去分詞ではありません。正確には、名詞＋ ed ＝疑似分詞の形容詞的用法です。

この用法で「〜の特徴を持つ」と表現する言葉はいくつもあります。brown eyed（茶色い瞳の）や left handed（左利きの）、dark haired（黒髪の）などです。

brown eyed や left handed は、eye や hand が動詞でもあるので、過去分詞の受け身形で「与えられたもの」を表現しているとも考えることはできます。

また、先に示した才能の豊かな人は、a gifted person とも言います。贈るという動詞の gift の過去分詞と考えて、天や神などから才能を「贈られた人」（受け身形）という意味になります。

left handed
左利き

「与えられたもの」を示す

　なお、疑似分詞や過去分詞の受け身形で人の性質や性格を示す言葉は、生まれながらの遺伝的な性質や才能に対してばかりではありません。sophisticated（洗練された）、socialized（社交的な）、well-mannered（行儀のよい）などがあります。その人が日々の暮らしの中で後天的に身につけた性質や性格を表現するときにも使います。

> その人に「与えられたもの」は、疑似分詞（名詞＋ed）や動詞の過去分詞の受け身形で表現するから。後天的な性質でも使われる。

Question 59
I walk to school every day. は、現在(今)のことではないのに なぜ現在形を使うのか？

日本語の辞書で「現在」を調べると、「過去と未来の間」という意味があることがわかります。

英語の現在形が示すものも同じです。「過去と未来の間」で、しかも「近い過去や未来を含む」時間帯を示します。

I walk to school every day.

は、昨日や明日という近い過去や未来を含んだ「現在」において、「毎日、歩いて学校に行く」という習慣的なことを示しています。だから、現在形で表現するのです。

英語では、「習慣的なこと」や「いつもやっていること」「いつもあること」は現在形で表現します。例えば、

He is in Tokyo.（彼は東京にいます）
He works at an office in Tokyo.（彼は東京の会社で働いています）

これを、

He is working at an office in Tokyo.（彼は今、東京の会社で働いています）

とすると、「今のこの瞬間」のことを示します。

また、英語では行事やイベントなど確実に実施される未来

習慣や確実に起こる未来は現在形で表現する

の予定についても現在形で表現します。

Classes begin on September 4.（授業は9月4日から始まります）
The train leaves at 8:32.（電車は8時32分に出発します）

確実に起こる未来は、もはや「現在」なのです。

 「今この瞬間」だけではなく、習慣的なことや確実に起こる近い未来のことも現在形で表現する。

英語にはなぜ a や the などの 冠詞が必要なのか？

Question 60

「今、何時ですか？」を英語では、

Do you have the time?

と言います。time の前の the に注目。これが、

Do you have time?

となると、「お時間、ありますか？」になります。

the は、後ろに続く名詞が「たった1つに特定される」場合に使います。Do you have the time? は、「今という特定の時刻」を持っていますか？＝「わかりますか？」という意味です。ちなみに、a は後ろに続く名詞が「いくつもある中の1つ」のときに使います。

それでは、なぜ英語では冠詞が必要なのでしょう。じつは、古い英語でも冠詞はありましたが、重視されずに使われたり、使われなかったりしていました。

それが、ある時期から英語では「主語＋動詞＋目的語」のように語順が厳密に決められるようになりました。

語順が比較的自由であれば、「ペン、返してよ」と名詞を最初に持ってきて、すでに話し手と聞き手の共通の話題になっている「貸したペン」であることを強調できます。

ところが、語順に厳しい英語では、

**theがあるのとないのとでは、
意味が大きく変わってくる**

Please return the pen.

と言わなくてはなりません。the をつけずに a pen とすると「どの pen か」がわかりにくくなってしまいます。

つまり、語順が厳密に決められた中で、文中の名詞がすでに話題にされた特定のものか、数多くの中の 1 つのものかを区別し、文意を明確にするためには、the か a をつける必要があるのです。

　話題に出てくる名詞が「特定されるもの」か、「数多くある中の 1 つ」かを明確にするため。

breakfast、lunch、dinnerにはaがつかないのはなぜ？

Question 61

オフィスで「お昼に行きましょう」と同僚を誘うとき、

Let's have a lunch.
Let's have lunch.

どちらが正しいでしょうか。正しいのは Let's have lunch. とaがつきません。なぜでしょうか。

ポイントは2つあります。まずは、lunch が可算名詞か不可算名詞かが決め手になります。

じつは、lunch は不可算名詞でもあり、可算名詞でもあります。一般的に「お昼に行きましょう」と言う場合には、不可算名詞で、aがつきません。これは、lunch がお昼の食事の総称で使われ、数えられないからです。

一方、「軽いランチ」や「4品セットのランチ」など、食事を限定する言葉がつく場合は可算名詞です。

Let's have a light lunch.
Let's have a four-course lunch.

また、the dinner he cooked for me（彼が私に作ってくれた食事）と、特定の食事の場合は the もつきます。

もう1つaがつかない理由があります。lunch や breakfast、dinner など食事を表す単語は、「朝食をとる」「お

**ランチは数えられない
レストランは数えられる**

昼にする」「夕食を楽しむ」といった、動詞的な意味合いを含んでいるからです。例えば、

He is in hospital.（彼は入院している）

では、hospital に a がつきません。「入院している」という動詞的な意味合いがあるからです。go to school も「勉強する」という動詞的な意味があるので a がつきません。

 1つの食べ物、食事という意味ではなく、食べるという動詞的な意味合いが強いから。

This is a pen.の penがappleになると、なぜ "an apple"になるのか？

Question 62

　学校で最初に習った英文が、This is a pen. だったという人は多いでしょう。この pen が apple になると、

This is an apple.

となります。なぜ a が an になるのでしょうか。

　この理由として、「母音の a、e、i、o、u で始まる名詞に a をつけると母音が続いて発音しにくいから」という理由が広く知られています。This is a apple. では「a と apple の続きが発音しにくい」、だから「a ではなく an をつける」と習った人も多いでしょう。

　ところが、本当はもっと深い理由があります。プロローグでも書いたように、「a が an になる」のではなく「an が a に変わった」のです。

　つまり、古い英語では、もともと名詞に a ではなく、「an をつけていた」ということ。それが、時代を経ていく中で「an ＋名詞」では言いにくいことから、n が抜け落ち、いつの間にか「a をつける」というルールが定着したのです。

　そう考えると、母音で始まる名詞に an をつけるのは、古い時代の英語の名残といえます。母音で始まる名詞には昔のまま an をつけるルールが残ったのです。

　さて、現在の英語で a か an かの決め手になるのは文字

もともとすべて an だったのが a に変化した

ではなく発音です。例えば、uniform（ユニフォーム）や university（ユニバーシティ）のように、文字が母音の u で始まる名詞でも、発音が母音ではないので a uniform、a university となります。hour は最初の h を発音せず「アワー」と母音から始まるので、an hour となります。

 もともと名詞には an をつけていた古い英語のルールが、母音で始まる名詞にはそのまま残ったから。

everyoneや everybodyは「みなさん」なのに、なぜ単数扱いなの？

Question 63

英語で挨拶やスピーチをする機会はなかなかありません。でも、もし会社の新商品の発表会や結婚のお祝いで集まった海外の人たちに向かって挨拶するとしたら、その人たちにどう呼びかけますか。例えば、

Good afternoon, ladies and gentlemen ～
Hello everyone!
Hello everybody!

などでしょうか。このうち、everyone と everybody はいずれも「みんな」「みなさん」という意味を持つ単語です。意味合いは同じですが、everyone はフォーマルな場面で、everybody はくだけた会話の中で使われるのが一般的です。

例文であげたように、パーティーの挨拶やスピーチの最初に「みなさん」と呼びかけるときなどは、everyone が適切です。学校の先生が生徒に向かって「みなさん」と呼びかけるときも everyone です。

一方、everybody は「みんな」という意味で、仲間や友達に呼びかけるようなカジュアルなニュアンスがあります。

everyone、everybody いずれも複数の人を指しているので、つい複数形と思いがちですが、三人称単数扱いです。

なぜかというと、everyone、everybody は、どちらも「複

集団の中の「一人ひとり」を示している

数の人たちの集まり」をかたまりとして示しているのではなく、「集団の中にいる一人ひとり」を示しています。一人ひとりを示すので、三人称単数になるのです。

似ている単語で、everything（全て）がありますが、こちらも「全部をまとめて」示すのではなく、一つひとつのものを示すので三人称単数です。

また、everyは「どの～も」という意味なので、every studentのような場合も三人称単数になります。

 「複数の人たちの集まり」ではなく、その集まりの中の一人ひとりを示すので単数扱いになる。

おめでとう！の Congratulations! はなぜ いつも必ず複数形にする？

Question 64

英語は単数と複数の区別に厳密です。「おめでとう」や「ありがとう」などの言葉でも単数と複数の区別をつけるほどです。

例えば、Congratulations！という言葉。フォーマルな席でも日常のちょっとした良い出来事にも使える便利な「おめでとう！」という表現です。

この言葉には、語尾にsがついています。つまり複数形ということ。単数のcongratulationは、数えられない名詞（不可算名詞）として、「祝い」や「祝賀」という意味です。なので、「おめでとう！」という気持ちを伝えたいときには、Congratulation！ではうまく意味が通じないのです。必ずsをつけて複数形で使います。

このsには、元の言葉の意味を強める働きがあり、「強意の複数」と呼ばれています。Congratulations！だけでなく、他にもThanksやMany thanks、Best regards（よろしくお願いします）などにもsがつきます。

sをつけることで、おめでとうの意味合いを強めているのですが、それだけではありません。このsには「あふれんばかりのたくさんの祝福」という意味合いも込められています。

さて、Congratulations！は、on〜とつなげて、さまざまな「おめでとう」を表現できます。

Congratulations!

あふれんばかりの思いを込めて、
強調しているから複数形

Congratulations on your graduation!（卒業おめでとう！）
Congrats on your promotion!（昇進おめでとう！）
Congratulations on your new baby!（出産おめでとう！）

などです。使ってみてください。

> Congratulations! の s は「強意の複数」で、「おめでとう」の意味合いを強める働きがある。加えて、「あふれんばかりのたくさんの祝福」が込められている。

「お金がたくさん必要」と言うとき、"I need much money."ではなぜダメなのか？

Question 65

「いくらある?」「3000円ちょっと」などと言うので、お金は「数えられる」と思いがちですが、英語では不可算名詞です。「数えられない」ものがたくさんあるときはmuchを使います。なので、I need much money.は間違いではないと思えますが、原則としてmuchは疑問文や否定文で使います。肯定文では、

I need a lot of money.

とa lot ofを使います。a lot ofは、後ろに続く名詞が可算名詞でも不可算名詞でも使えます。
ただし、muchを肯定文でも使えるときがあります。

I've spent too much money.（お金、使い過ぎちゃった）

程度や強調を示すtoo、so、howなどと一緒に使うときには、肯定文でもmuchを使います。
一方、「数えられるもの」がたくさんあるときにはmanyを使います。ただし、manyも肯定文ではあまり使いません。代わりにa lot ofを使います。
a lot ofは、可算名詞でも不可算名詞でも、肯定文でも否定文でも使えますが、疑問文に使うとおかしいケースがあります。「どのくらい?」と正確に数量を尋ねる表現は、

お金は数えられないけど、
肯定文では a lot of を使う

How much money do you have?（お金、いくらある？）

How many replies have you got?（返信は何件あった？）

と a lot of を使いません。正確な数量を聞かないなら、

Do you have a lot of money?（お金、たくさんある？）

というように a lot of を使っても OK です。

> much は原則、肯定文には使わないので、a lot of が正解。ただし、a lot of は数量を正確に尋ねる疑問文には使わない。

Chapter 5　英語ならではのなぜ？

Question 66 タマネギをたくさん買ったときはmany onionsなのに、スープに入れるとなぜmuch onionになる？

「たくさん」を意味する言葉には、many、much、a lot ofなどがあります。それぞれの意味合いや使い分けについては、前項で説明しました。ここでは、タマネギのように複数形になったり、ならなかったりする名詞について、その理由を説明します。

さて、タマネギは数えられるでしょうか？ 数えられる名詞（可算名詞）なら、1個のときは単数形、2個以上は onionsと複数形にすれば問題ありません。

タマネギをスーパーなどで買うときは、数えられます。

I bought many onions.（タマネギ、たくさん買ったわ）

タマネギの形が明確にイメージできる場合には、可算名詞として使えると考えていいでしょう。

それでは、タマネギをみじん切りにしていったらどうでしょう。数え切れなくなります。さらにみじん切りをスープに入れ、とけてしまったら……。

そうなると、タマネギは不可算名詞になります。

There's much onion in the soup.（このスープ、タマネギがたっぷり入っているな）

タマネギの形を具体的にイメージできない場合には、不可

many onionsを小さく切って
スープに入れるとmuch onionに

算名詞として使うのです。

このように、小さく切ったり、ちぎったりできるものでは、可算名詞になったり、不可算名詞になったりするものが多くあります。paper、bread、wood などです。小さく切っても紙は紙、パンはパン、木は木。でも数え切れなくなります。ちなみに複数形では意味が変わります。papers は書類や論文、breads はパン類、woods は森です。

> 形がイメージできる場合は数えられるので many onions、小さく切って形がイメージできなくなると数えられなくなるので much onion となる。

Question 67
sheep（羊）は、なぜ複数形もsheepなの？

英語では単数と複数の区別が明確ですが、単数形と複数形が同じ単語もあります。sheep（羊）やdeer（鹿）などです。

いずれも群れで暮らす生き物です。群れているので数えるのが難しく、細かく数える必要もなかったので、単複同形になったとされています。

でも、象や狼も群れますが、象はelephants、狼はwolvesと複数形があります。

このことから、群れているだけではなく、「狩猟の対象、食用とされた生き物」は単複同形になったと考えられています。

狩猟の対象として、森の中などで見つけたとき、大切なのはとっさに仲間に知らせること。単数か複数かを明確にする必要性があまりなかったからかもしれません。

反対に象などあまり目にすることのなかった動物は、その単語を使う機会がそもそも少なく、群れをなしているかどうかも意識されず、普通の名詞と同じように複数にはsやesをつけるようになったという考えもあります。

一方、fishのように単複同形でも、esをつけたfishesでも間違いではない単語があります。

I saw a school of fish.（魚の群れを見たよ）

群れていて、狩猟の対象、食用とされた生き物は単複同形になったとされている

と、群れを示す場合には単複同形です。一方、魚の種類を示す場合には、

I saw such fishes as salmon, mackerel, and sardine.
(サケやサバ、イワシなどの魚を見た)

と fishes とするのが一般的です。

 群れで暮らし、しかも、狩猟や食用の対象となった動物は、単数と群れ（複数）を区別する必要がなかったから。

Column 5

学校の授業で習った一般動詞って、何が「一般」なの?

この章では、英語ならではの「なぜ?」を取り上げました。動詞を be 動詞と一般動詞に区別するのも英語ならでは。この一般動詞とは、いったい何が「一般」なのでしょう。

be 動詞は、is、am、are、was、were の5つで、主語と(主語の)性質や様子を説明する言葉を結びつけたり、主語の存在を示したりする特殊な役割があります。こうした be 動詞以外の動詞が全て「一般動詞」です。

一般動詞には、play(遊び)、run(走る)などの動作を表すだけでなく、dream や like など「動いていない」のに動詞になるものがあります。これらは「状態動詞」と呼ばれます。状態動詞には、状態を表す他、気持ちや心の状態を示す「心理動詞」、五感にかかわる「知覚動詞」があります。

【状態動詞】
live(住んでいる)、marry(結婚している)、exist(存在する)、keep(保つ)など

- **心理動詞**
  like(好む)、dream(夢を見る)、hate(嫌う)、want(欲す)、hope(望む)、need(必要とする)など

- **知覚動詞**
  taste(味がする)、smell(臭いがする)、feel(感じる)、hear(聞こえる)、see(見える)、listen(聞く)など

Chapter 6

学生のときに教えてほしかった!?
英文法のなぜ?

Question 68

現在完了形は
なぜhaveを使うのか？

日本語で「春が来た」と言うとき、すでに春は来ています。厳密には、話しているより以前、つまり「過去」に春は来て、その状態が「現在」まで続いているのです。

英語では、このように過去から現在まで継続した時間の出来事を表現するのに現在完了形を使います。例えば、

Spring has come.

です。現在完了形は、「have＋過去分詞」の構文です。have を使う理由は、過去に来た春という状態を現在まで「持ち続けて」いるからです。

過去形との違いは、例えば、昼ご飯を食べたとき、

I had a Chinese lunch.

は、単純に中華料理のランチを食べた事実を伝えます。

一方、現在完了形で、

I have just had a Chinese lunch.（ちょうど中華料理のランチを食べたところ）

とすると、中華料理を食べた状態を持ち続けていることを示すだけでなく、I have just had a Chinese lunch. So, I'm full.（中華料理のランチを食べたから、お腹がいっぱい）と、

現在につながっているから「have」

食べたことによる結果や引き起こされた状況などを示すことができます。

ところで、「日本語には現在完了形がない」といわれますが、厳密にはあると考えたほうが正しいでしょう。例えば、「この街に引っ越してきて3年になります」というとき、引っ越してきたことは過去のことで、そのときから住んでいる状態が継続していて、現在完了形の表現と考えられます。

> 過去に「〜した」という状態が、現在まで続いていることを表現するため、「have（持っている）」を使う。

現在完了形、現在が「完了する(した)」とはどういう意味なの？

Question 69

「英語が苦手」と感じるようになったのは、学校の授業で習った「現在完了」がきっかけだったという人も多いのはないでしょうか。

現在完了形という用語を目にして、「現在が完了するって、どういうこと？」と思った人もいるでしょう。しかも、「完了形」と言いながら、

I've been studying English for 3 years. （英語を勉強して3年になります）

では、英語の勉強が完了しているどころか、「今も勉強中」と「継続」の意味を示します。完了もしていないのに、なぜ「現在が完了する（した）」形と言うのでしょう。

じつは、現在完了形という用語に「現在が完了する（した）」という意味合いはありません。英語の present perfect tense を現在完了形と直訳しただけです。

現在完了形の本質的な意味合いは、「過去のある時点に完了したこと」が「その状態のまま」「現在まで続いている」ということです。

時間の流れを考えたとき、過去のある時点と現在の時点を結んだ時間全体を示すのが現在完了形です。

前項で、現在完了形では、過去の「〜した」という状態

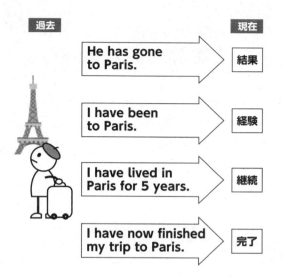

が現在までつながっていることを表現するため、「have（持っている）」を使うと説明しました。

現在完了形は、過去に完了した出来事による現在の「結果」、過去から現在までに「～したことがある」という「経験」、過去のことが現在までつながっている「継続」、そして「今～し終えた」という「完了」の意味合いを持つのです。

現在完了形は present perfect tense の直訳。過去に完了した出来事が、その状態のまま現在まで続いている状態を示している。

英語はなぜ「主語＋動詞＋目的語」のように語順が決まっているの？

Question '70

英語と日本語で「プレゼント、あげるわ」と書いてみましょう。ちょっと堅苦しいですが、

I give you this present.（私は、あなたに、このプレゼントをあげます）

日本語の例文では、助詞の「は」がついた単語が主語に、「に」や「を」がついた単語が目的語になることがわかります。日本語には助詞があるので、「プレゼントを、あげます、私は」と書いても、主語は「私」で、動詞は「あげる」、目的語は「を」がついている「プレゼント」だとわかります。語順に寛容なのです。

ところが、英語はどうでしょう。this present は、上記の例文なら目的語とわかるでしょうが、

This present is so nice.（とてもいいプレゼントだ）

では、主語になります。英語には、日本語の助詞にあたるものがないので、this present という単語だけでは、目的語になるか主語になるか正確にはわりません。そこで、主語＋動詞＋目的語といった基本的な語順を決め、語順（単語が置かれた場所）によって、主語や目的語などの「役割」がわかるようになっています。「単語の置き場所」によって「役割」

英語は名詞に「格」がない分、語順を重視する

が決まる、だから語順がしっかりと決まっているのです。

最初の例文では this present が最後にあるので語順のルールと照らし合わせて目的語だとわかります。次の例文では最初にあるので主語とわかります。

英語とルーツが同じドイツ語では名詞に「格」がつきます。例えば、父を意味する Vater に der という格がつくと der Vater で、「父は(が)」と主語になります。名詞の格を見れば、主語か目的語かなどがわかる仕組みです。

じつは、古い英語にはドイツ語のように格がありました。それが時代を経ていく中で使われなくなり、代わりに語順で主語、動詞、目的語がわかるようにしたのです。

 英語は、単語が置かれた場所によって、主語や動詞など役割が決まる仕組みだから。

英語はなぜ主語を省略できないのか？

Question 71

前項で、英語は語順を大切にすることを説明しました。

そのため、英語では「まず主語、次が動詞、そして目的語」というように語順がきっちりと決まっています。

そのように語順を厳密に決めた英語で、主語を省略してしまうとどうなるでしょうか。例えば、「書類、彼に渡したよ」という日本語を英語にすると、

I gave him the document.

主語をとると、gave him the document. とおかしな英語になります。英語は「単語の置き場所」によって「役割」が決まるので、gave が主語と思われるかもしれませんが、実際にはあり得ませんよね。

このように英語では、主語を省略すると意味が通らなくなる可能性があるので、主語を省略できないのです。

ただし、英語でも主語を省略する場合があります。命令文です。先の例文を、「彼に書類を渡して」という命令文にするときには、

Give him the document.

と主語を省略できます。これは、命令された内容を実施する主体（主語）は you（あなた）に決まっているからです。

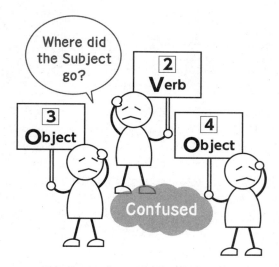

英語は主語がないと意味が不明になりやすい

英語では主語が省略できないため、時刻や天候を示すときには、

It's a rainy day.（今日は雨だ）

と、it を主語にします。形式的にでも it を主語にして、きちんと決めた語順のルールを守っているのです。

 主語を省略すると、「主語+動詞+目的語」といった語順のルールが崩れ、どれが主語かわからなくなり、意味がわかりづらくなるから。

なぜ疑問文や否定文になると突然doが出てくる？

Question 72

　This is an apple. を疑問文にするとIs this an apple? です。be動詞を使った文では、This is 〜をIs this 〜? と「ひっくり返して疑問文」にします（その理由は次項で説明します）。

　ところが、You like an apple. の疑問文は、Do you like an apple? です。突然にdoが登場するのはなぜでしょう？

　そもそも、古い英語では、一般動詞を使った文でも、疑問文を作るときにはLike you an apple? と主語と動詞を入れ換えていました。しかし、今の英語では「主語＋動詞＋目的語」という基本的な語順を重視します。

　Like you an apple? と主語と動詞を入れ換えてしまうと基本的な語順から外れてしまいます。動詞よりも先に主語が来るはずなのに、likeの前に単語がなく、主語がわかりにくくなります。そこで、主語＋動詞という語順を変えずに、古い英語のように動詞と主語を入れ換えて、疑問文にできないかと考え、主語の前に、動詞の代わりになる単語を持ってくるようにしました。その単語がdoで代動詞と呼ばれています。

　語順を変えないためとはいえ、肯定文に書かれていないdoがいきなり出てくるのは、やはり不自然と思う人も多いでしょう。解釈としては、「doは、もともと肯定文の中に隠れている」と考えていいのです。You do like an apple. というかたちです。

doはもともと本文に隠れていた!?

そうなると話は簡単。You do like an apple. の主語と代動詞を入れ替えれば Do you like an apple? と、「主語+動詞+目的語」の語順を守った疑問文になります。

否定形も同じで、隠れていた do が否定を強調するために登場するというわけです。なので Do you 〜? や I don't 〜 といった文章ができあがるのです。

なお、You do like an apple. は、「あなたは、りんごが大好きね」と強調構文として使われることがあります。

 もともとは文中に「do」が隠れていたと解釈し、その do を文頭に置くことで「主語+動詞+目的語」という語順を守った疑問文としているため。

Question 73 疑問文を作るとき、なぜ主語と動詞の順番を入れ換えるの？

　日本語は、おもに語尾（文末）を調整することで疑問文を作りますが、英語は違います。

　例えば、He is my friend. を疑問文にするなら、主語と動詞（be 動詞）の順番を入れ換え、さらに文末に？をつけて、Is he your friend? とします。なぜ、語順を入れ換えるのでしょうか。

　理由は、古い英語の名残であると言えそうです。

　前項でも説明したように、古い英語では、主語と動詞を入れ換えて疑問文にしていました。「りんご、好き？」と尋ねるときに、Like you an apple? と主語と動詞を入れ換えるだけだったのです。

　英語とルーツが同じドイツ語では、今でも主語と動詞を入れ換えることで疑問文にします。

　その名残として、現在の英語でも be 動詞を使った文と、助動詞の can、have（has）や had を使った完了形では、主語と be 動詞、助動詞を入れ換えて疑問文にします。

　もう1つ、疑問文であることを明確に示すためとも考えられています。

　英語が語順を大切にする言語であることは、繰り返し説明してきました。

　語順を大切にする言語だからこそ、語順を入れ換えること

**be動詞や助動詞では、
疑問文であることを明確にするために順番を入れ換える**

で、聞き手に「あれっ？ なんかおかしいぞ」と思わせ、疑問文であることを明確に伝えているのです。

ちなみに、スペイン語では、¿Qué buscas?（何を探しているの？）と文頭と文末に？マークをつけます。これも、疑問文であることを明確に示すためです。

 古い英語で、主語と動詞を入れ換えて疑問文にしていたことの名残。主語と動詞を入れ換えて疑問文であることを明確に示したから。

「速く走る」はrun＋fast なぜfast（速く）＋run（走る）の語順ではない？ Question 74

英語は語順をしっかりと守る言葉です。動詞と副詞の語順も決まっていて、「速く走る」は run + fast と原則、動詞の後ろに副詞が来ます。

日本語では反対に「速く走る」と表現しますが、英語ではなぜ「動詞＋副詞」となるのでしょうか。

じつは、古い英語では「副詞＋動詞」の語順が一般的でした。ところが、42ページでも紹介した「Norman Conquest（ノルマン・コンクエスト：ノルマン人の征服。1066年）」により、語順が入れ換わってしまったのです。

ノルマン・コンクエストにより、ノルマン人が話していたフランス語が支配階級＝上流階級の言葉として大量に英語に入ってきました。その数は1万語以上ともいわれ、現在でも約7500語もの言葉が使われ続けているとされています。

当時のイングランド人は、フランス語由来の動詞を、もともと英語にあった動詞と副詞との組み合わせに置き換えて理解し、覚え込んでいきました。

例えば、フランス語由来の discover（発見する）なら find out と、動詞＋副詞として理解したのです。そのため「動詞＋副詞」の語順が定着したのです。

このように、英語には動詞＋副詞、あるいは動詞＋副詞＋前置詞で構成される熟語が数多くあります。これらは「句動

ノルマン・コンクエストで大量のフランス語が英語に入ってきたことで、「動詞＋副詞」の語順が定着

詞（群動詞）」と呼ばれ、他にも、

go on（続ける）
set out（出発する）
look out（注意する）
put off（延期する）
carry out（実行する）

などがあります。

> フランス語由来の動詞を「動詞＋副詞」に置き換えて理解したことから。

Question 75
are notの短縮形はあるのに、am notの短縮形がないのはなぜ？

日本語の「さようなら」は、「左様ならば、これにて失礼つかまつります」などと長々話していたのを短くしたものです。いわば「短縮形（省略形）」です。

英語にも短縮形があり、is、are、am の be 動詞を使った文ではよく使います。例えば、

He's fine.（彼は元気です）
You're fine.（あなたは元気です）
I'm fine.（私は元気です）

否定文でも使えますが、使い方は２通りあります。

He's not fine. ／ He isn't fine.
You're not fine. ／ You aren't fine.
I'm not fine.

不思議なことに am not の短縮形はありません。

これは、もし amn't とすると、m と n を続けて発音するのが難しいからです。

amn't は使われていませんが、am not には、じつは ain't という短縮形があります。発音は「エイント」に近くなります。amn't が an't に変化し、a を「エイ」としっかり発音するようになったのが ain't です。アフリカ系アメリカ人を中心に、

am not の短縮形「ain't」はスラングや
くだけた言い方として使われている

現在も使われています。しかも、

He ain't fine.
You ain't fine.

と、is not や are not の短縮形としても使えます。
　ただし、ain't はスラングや「くだけすぎた言い方」とされ、標準語としては、あまり使われていないようです。

> amn't だと m と n を続けて発音するのが難しいから。
> ただし、スラングとして "ain't" がある。

Chapter 6　英文法のなぜ？　175

Question 76
someは肯定文、anyは否定・疑問文に使うと習ったけど違うケースもあるみたい。なぜ？

「何かお飲み物は、いかがですか？」は、

Would you like something to drink?

です。このときに「では、カバ（フィジーの伝統的な飲み物）を」などと言う人はあまりいません。「お茶やコーヒー、紅茶などだろうな」と考えるのが一般的です。

some と any の使い分けでは、対象となる物の数量や種類を「想定できるかどうか」がポイントになります。

英語の授業で習った「some は肯定文、any は疑問文や否定文に使う」は間違いです。some を疑問文に、any を肯定文に使うこともよくあります。

Would you like some coffee?（コーヒー、いかがですか？）

と some を使うとき、コーヒーは多くても4、5杯と想定できるでしょう。だから some です。また、some は相手に yes を期待するシーンで使われることが多いようです。

一方、any は「どんな～でも」「いくらでも～ある」「まったく～ない」といったニュアンス。数量が無限大か、限りなくゼロに近く「想定できない」ときに使います。

Any person can do it.（どんな人にだってできるよ）

someとanyの使い分けは
量や種類を「想定できるかどうか」がポイント

I finished the job without any problem.（まったく問題なく仕事を終えた）

「どんな人か」や「問題の数量や種類」などは想定も限定もできません。その場合は any です。

ちなみに、some には「すごい・素晴らしい」といった意味もあります。That's some party. は「素晴らしいパーティーだ」、He is a somebody. は「たいしたヤツだ」です。

> 対象となる物の数量が想定できるときには some を、想定できないときは any を使う。

Question 77 「私はイタリアにもフランスにも行ったことがない」はなぜ "I have never been to Italy and France." ではダメなのか？

日本人が「私はピアノもギターも弾けない」を英語にすると、

I can't play the piano and the guitar.

としてしまいがちです。でも、これでは言いたいことが伝わりません。英語で「～ not A and B」と表現した場合、否定の not は A+B、つまり A と B の2つで1つの「かたまり」にかかってきます。「ひとかたまり」を否定しているということは、「A だけ」もしくは「B だけ」なら「OK という可能性がある」ということ。

つまり、ピアノとギターの「両方を同時には弾けない」が、「ピアノだけ」や「ギターだけ」なら弾けるかもしれないと、わかりにくい意味合いになってしまいます。

一方、「～ not A or B」では、否定の not は A と B のそれぞれにかかります。or の前後を順番に、まず A を否定し、次に B を否定するイメージです。

だから、「イタリアにもフランスにも行ったことがない」と表現する場合には、

I have never been to Italy or France.

という表現になるのです。

I have never been to Italy or France.

```
       never
        ↓
       not
      [never]
        ↓
        or
   ↙         ↘
イタリアにも    フランスにも
   ↘         ↙
    どっちにもかかる
    行ったことがない
```

　ちなみに、英語にはA and Bの「2つで1つ」で意味をなす単語があります。例えば「bed and breakfast（B & B）」といえば宿泊と朝食をサービスする比較的安価な宿泊施設で、「drink and drive」は飲酒運転です。この場合、否定文でも and を or にする必要はありません。

I don't like bed and breakfast.

　で、「私は、安宿は嫌いだ」という意味合いになります。否定文でも and を使うのです。

イタリアとフランスの「両方を同時に」は行ったことがない、となってしまうから。

orはなぜ命令文の後では「さもないと」という意味になる？

Question 78

　orという単語は、英語を習い始めてわりと初期の頃に習います。それだけ初歩的な単語なのですが、じつは、きちんと理解するのが意外に難しい「クセ者」です。

　A or Bとしたとき、orの意味するところは「AまたはB」（AもしくはB）です。この考え方がベースになることをきちんと覚えておいてください。

　その上で、orが命令文の中で使われるケースを見ていきます。ちょっと注意が必要です。

Hurry up, or you will miss the train.（急げ！　さもないと電車に遅れるぞ）

とorが「さもないと」という意味になります。意味合いが変わったと思うかもしれませんが、基本となる「AまたはB」という考え方はじつは変わっていません。

　これは、「急げ！」と命令し、その上で、「急げば間に合う」または（or）「急がなかったら間に合わない」の「どちらかだ」と伝えているにすぎません。

　それをわかりやすく、日本語で意味が通る表現にすると、「急げ！　さもないと電車に遅れるぞ」になるのです。

　orは命令文だけではなく、否定文の中で使われるときにも注意が必要です。

Hurry up! or You will miss the train.

急ぐか？ または電車に乗り遅れるか？

　否定文の中の or は、前項の I have never been to Italy or France. でも見てきたように、「A も B も〜ない」と、A と B の両方を否定します。
　or については「A か B か」の二者択一と説明がされているときがありますが、根底にあるのは「A または B」（A もしくは B）という考え方です。

命令文で使う or は「A をするか」、または（命令に従わずに）「B になるか」の「どちらかだ」を伝えている。それを「さもないと」と表現した。

なぜ比較級には erをつけるものと moreを使うものがあるの？

Question 79

英語で「彼は私より背が高い」と言うとき、

He is taller than I [me].

と表現します。形容詞の tall に er をつけて比較級とします。比較表現には more を使うパターンもあります。

It will be more difficult than you think.（思っているほど簡単じゃないぞ）

なぜ、er をつけるのと more を使うのがあるのでしょうか。理由は、er をつけると発音や聞き取りが難しくなる単語があるからです。

more を使う単語には、difficult の他にも beautiful、popular（人気がある）、quickly（速く）、delicious（おいしい）、useful（役に立つ）などがあります。実際にはない言葉ですが、popularer や deliciouser などとすると er が聞き取りにくくなるので、more を使うのです。

more を使う単語は明確なルールで決められています。

その単語の音節の数です。音節とは、1つの母音か、1つの母音と複数の子音によるまとまりです。

音節が2つ以下の単語には er をつけ、3つ以上の単語には more を使う決まりがありますので、母音の数で判断して

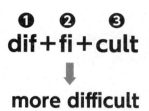

3音節以上の場合、比較級は more を使う

も間違いではありません。difficult は dif+fi+cult で母音が3つ、popular も pop+u+lar で母音が3つです。

ただし、famous は fa+mous と2音節ですが、more を使います。ous や ly、able、ful、ive、less などで終わる形容詞や副詞には more を使います。

ちなみに冒頭の He is taller than I. という例文。文法的には正しいのですが、最近では He is taller than me. と I ではなく me とするのが一般的なようです。

 音節が3つ以上の単語に er をつけると発音や聞き取りが難しくなるため。2音節でも語尾によっては more になることもある。

Chapter 6 英文法のなぜ？

the bestのように、なぜ最上級になるとtheがつくのか？

Question 80

定冠詞の the は後に続く名詞が「特定される」ときに使います。最上級に the がつく理由も無関係ではありません。

He is the tallest in our school.

というとき。the は tallest の後ろに続く名詞についています。つまり、

He is the tallest (student) in our school.

ということ。形容詞 tall の最上級 tallest が、「最も背が高い」人を特定しています。だから、the がつきます。「形容詞の最上級に the がつく」のではなく、「最上級で特定された名詞」に the がついているのです。

こう考えると、副詞の最上級には the がつかない、あるいは省略できる理由もわかります。例えば、

He can run fastest in our school.

という場合、副詞の最上級 fastest は動詞の run にかかります。副詞なので、後に名詞は続かず、the はつきません。他にも the がつかないパターンがあります。

This river is fastest here.（この川は、ここが一番速い）

He is the tallest (student) in our school.

後ろに名詞が隠れている

これは、他の川と比較しているのではなく、同じ川の中で流れの速さを比べています。同じものの中で性質などを比べるときには、最上級でも the をつけません。

I am happiest when I am singing.（私は歌っているときが一番幸せ）

これも、自分の中で一番幸せなので the はつきません。

> 形容詞の比較表現では、最上級の後に名詞が省略されていると考えるので、名詞を特定する定冠詞の the がつく。

Column 6

or や nor を使った
さまざまな表現

　この章では、「もしくは」「または」の or が、否定文や命令文では意味が変化することについて説明しました。ここでは、or や nor を使った表現をいくつか紹介します。
　まずは、either A or B ～です。これは、「A か B のどちらか一方」という意味。例えば、

Either you or Tom has to go there. (あなたかトムのどちらかが、あそこに行かざるを得ない)

などと使います。注意すべきは、助動詞が has to ～となっていること。either A or B ～では、動詞・助動詞は B の人称と時制に合わせます。
　either A or B ～の否定文は、neither A nor B ～です。これは、「A も B も～ない」という意味。否定文で使う or と同様です。or が nor に変わります。

I neither drink nor smoke. (酒もタバコもやりません)

などと使います。慣用表現では、

That's neither here nor there. (どうでもいいことだよ)
It will do neither good nor harm. (毒にも薬にもならないな)

会話の中で使える表現です。覚えておくと便利です。

おもな参考文献

【書籍】
『英語の「なぜ?」に答える はじめての英語史』(堀田隆一・著 研究社)
『英語の不思議再発見』(佐久間治・著 筑摩書房)
『英語の質問箱:そこが知りたい100のQ&A』(里中哲彦・著 中央公論新社)
『英語のなぜ? 101問』(森住衛、大澤美穂子、仲谷ちはる、橘広司、拝田清、藤吉大介、吉野康子・編著 ディーエイチシー)
『イメージでつかむ 似ている英語使い分けBOOK』(清水建二、すずきひろし・著 ベレ出版)
『イメージと語源でよくわかる 似ている英単語使い分けBOOK』(清水建二、すずきひろし・著 ベレ出版)

【辞典】
『オックスフォード現代英英辞典』(オックスフォード大学出版局・編集 旺文社)
『小学館ランダムハウス英和大辞典第2版』(小学館ランダムハウス英和大辞典編集委員会・編集 小学館)
『ライトハウス英和辞典』(竹林滋、東信行、赤須薫・編集 研究社)
『ウィズダム英和辞典』(井上永幸、赤野一郎・編集 三省堂)
『ジーニアス英和辞典』(南出康世・編集 大修館書店)
『新クラウン英語熟語辞典』(大塚高信・小林清一・安藤貞雄・共編 三省堂)

【オンライン辞書】
『Merriam-Webster』

誰(だれ)に聞(き)いても謎(なぞ)だった
「英語(えいご)のなぜ?」が
わかる本(ほん)

2025年4月20日 第1刷

編　者　伏木(ふしき)賢一(けんいち)
発行者　小澤源太郎
責任編集　株式会社プライム涌光
発行所　株式会社青春出版社

〒162-0056　東京都新宿区若松町 12-1
電話 03-3203-2850（編集部）
　　 03-3207-1916（営業部）
振替番号　00190-7-98602

印刷／三松堂
製本／ナショナル製本
ISBN 978-4-413-29874-2
©Kenich Fushiki 2025 Printed in Japan

万一、落丁、乱丁がありました節は、お取りかえします。

本書の内容の一部あるいは全部を無断で複写（コピー）することは
著作権法上認められている場合を除き、禁じられています。

| ほんとうのあなたに出逢う　◆　青春文庫 |

地理がわかると ニュースの解像度があがる

ワールド・リサーチ・ネット[編]

すべては、その「場所」に理由があった！ 中国が南沙諸島にこだわる地政学的狙いほか…領土、国境、貿易、ビジネスの本質がわかる

(SE-867)

「ねこ背」を治す 1日1分ストレッチ！
5つのタイプ別・コリと痛みがスーッと消える本

碓田琢磨

「ねこ背、本当は怖い」肩こりや腰痛が治らないのは、自分の「治癒力」が追い付いていないから

(SE-868)

頭のいい人が 人前でやらないこと

樋口裕一

忙しい自慢をしてしまう、自分の正義を押し付ける、拡大解釈をして的外れなことを言う……そのふるまい、考え方はバカに見えます！

(SE-869)

情報に踊らされてる!? 政治と経済の 真実を見極める力

知的生活追跡班[編]

この基礎知識だけで、自然と頭が鋭くなる！ 日銀短観って何？ 国会の「理事会」で何を話しあう？ ほか…大人のための超入門

(SE-870)

ほんとうのあなたに出逢う　青春文庫

250年前にタイム・スリップ！見てきたようによくわかる 蔦屋重三郎と江戸の風俗

日本史深掘り講座[編]

浮世絵、出版事情、吉原の謎、江戸の外食ビジネス……"江戸のメディア王"が躍動した時代の人々の楽しみがわかる。

(SE-863)

腹横筋ブレスで「お腹(なか)」がスキッとしまる！

長坂靖子

ぽっこりつき出たお腹や、わき腹肉も、「腹横筋ブレス」の呼吸とストレッチで解消。あっという間にくびれウエストになる！

(SE-864)

"うのみ"にしてたら、恥をかく 日本人の常識

話題の達人倶楽部[編]

白黒つけたら、ぜんぶウソだった！　2月と8月は景気が悪い。赤ワインは冷やさない……ほか　大人なら知っておきたい新常識

(SE-865)

ひとつ上のビジネス教養 モノの由来 世にも意外な「はじまり」の物語

知的生活追跡班[編]

世界を変えた大ヒット商品のルーツから、奥深き「食」の源流、身近なモノの起源の謎まで——そこには、奇跡の誕生が待っていた。

(SE-866)

ほんとうのあなたに出逢う　　青春文庫

ぴったりの言葉が一瞬で見つかる「言語化」の便利帳

話題の達人倶楽部[編]

その「うれしい」はどんな状態？心を寄せる、琴線に触れる、胸がすく…言葉にできれば、もっとわかりあえる。

(SE-871)

「逆張り」で暴く不都合な日本史

歴史の謎研究会[編]

豊臣秀次、田沼意次、吉良上野介…。時代のうねりの中で、狂気、強欲、高慢…の誹りを受けてきた者たちの真実を明かす！

(SE-872)

認知行動科学でわかったうまくいく人の勉強法

匠　英一

勉強は「量」より「やり方」！自分の性格にあわせて、欲しい結果を手に入れる83項目。

(SE-873)

「英語のなぜ？」がわかる本

伏木賢一[編]

なぜ三単現の動詞にだけ「s」がつく？「know」にはなぜ読まない「k」がある？英語感覚が面白いほど身につく本

(SE-874)